나는 왼손 피아니스트입니다

**하루하루 건반 위에
희망을 그려나가는**

나는 왼손 피아니스트입니다

이훈 지음

오늘산책

작가의 말

제 이야기를 솔직하게 말씀드리고 싶었습니다. 제 몸에 어떻게 장애가 발생했는지, 그 뒤 어떻게 살았는지, 어떻게 다시 피아노를 할 수 있게 되었는지 이야기하고 싶었습니다. 제 삶을 숨김없이 드러내면서 다시 한 번 지나온 길을 돌아보게 되었습니다. 돌아보니 감사한 일들이 참 많았습니다. 이 또한 여러분과 함께 나누고 싶었습니다. 부디 제 이야기가 뇌졸중을 앓고 있는, 혹은 뇌졸중으로 인해 장애를 갖게 된 분들에게 희망이 되면 좋겠습니다.

2012년 8월, 미국에서 뇌졸중으로 쓰러졌을 때 제겐 희망이라곤 없었습니다. 연주자로서도 죽었다고 생각했습니다. 삶의 대부분을 피아노와 함께해왔기에 역설적으로 피아노를 부정해야만 했습니다. 그래야만 피아노 앞에 앉을 수 없는 저 자신을 합리화할 수 있었으니까요. 그런데 일상을 살아낼 수 있을 만큼 몸과 마음을 회복했을 무렵, 저는 다시 피아노 앞에 앉게 되었습니다. 수술과 치료와 훈련을 거쳐도 도통 감각이 없던 오른발과 오른손의 재활에 미약하나마 도움이 될 수도 있다는 전문가의 의견이 있었기 때문입니다.

하지만 마음은 두려움으로 가득했습니다. 아마도 맞닥뜨려야 할 '현실'에 대한 두려움이었던 것 같습니다. 피아노 건반 위에서 내가 표현하고 싶은 음악을 마음껏 연주하는 게 더는 불가능할 거라는 두려움, 쓰러지기 전으로 돌아갈 수 있을까 하는 의심…. 이런 것들로 인해 다시 피아노 앞에 앉기가 무척이나 겁이 났지만 주위의 응원 덕분에 용기를 낼 수 있었습니다. 그리고 마침내 왼손 피아니스트로 첫걸음을 내디딜 수 있었습니다. 두려움도, 실망도 받아들이고 나니 좌절로 이어지지는 않더군요. 오히려 저 자신을 격려하고 위로하고 싶어졌습니다. 음악이 제 역할을 제대로 했나 봅니다.

저는 2016년 가톨릭대학교 서울성모병원 로비에서 가진 연주회를 시작으로 매년 독주회를 비롯한 여러 연주회에 참여하고 있습니다. 올해도 각종 연주회로 달력이 빼곡하게 차 있습니다. 감사한 일이지요.

왼손 피아니스트로 살아가는 기쁨을 근사한 연주회장에서만 맛보는 것은 아닙니다. 저는 종종 병원에서 연주회를 갖는데 이때 느끼는 감동과 은혜는 말로 다 표현할 수 없습니다. 당연한 말이겠지만 병원 연주회에는 환자들이 많이 오십니다. 아마도 음악이 고통을 치유하는 놀라운 경험을 해보신 분들이 아닐까 싶습니다. 적어도 연주를 듣는 동안만큼은 모든 힘듦을 잊은 듯 편안한 모습이 되시거든요.

저는 오늘도 꽉 찬 객석을 보면서 신나게 연주합니다. 연주와 더불어 제 이야기가 여러분께 또 다른 모양의 응원과 위로와 기쁨이 되어드릴 수 있다면 좋겠습니다.

2025년 여름의 끝자락에서
피아니스트 이훈

차례

작가의 말 — 4

왼손, 다시 건반 위에 서다 — 10

어메이징 그레이스 — 16

그날, 도둑처럼 나를 찾아온 — 28

나를 살린 사람들 — 34

다시 세상에 건넨 첫인사 — 42

기꺼이 살기 위해 — 48

해피엔딩일 거야 — 60

나의 갈 길 다 가도록 — 72

젓가락 행진곡 소리를 따라 — 78

파란색 피아노 가방 — 82

하늘이 보내준 인연 — 88

나를 기대하는 기쁨으로 살다가 — 92

훈아, 네가 한번 해 보는 건 어때 — 104

다시 시작하다 — 112

일곱 번의 연주회를 마치고 — 116

음악이라는 위로 — 128

한계를 딛고 경계를 허물며 — 136

아버지의 마음 — 146

어머니, 나의 어머니 — 152

존경하는 음악가들 1 — 156

존경하는 음악가들 2 — 164

에필로그

My Left Hand: The Melody of Courage — 168

왼손, 다시 건반 위에 서다

한여름 뜨거운 햇살이 날카롭게 건물 유리창 주위를 유영하던 2016년 7월 어느 오후. 가톨릭대학교 서울성모병원의 너른 로비에는 두 대의 에스컬레이터가 서로 얼굴을 맞댄 채 오르내리기를 반복하고 있었다. 정돈된 소음과 기다림의 숨소리가 만들어내는 기분 좋은 긴장감이 로비를 감쌌다. 그 사이에서 새삼 깨달았다. 그래, 예전에 나는 이 긴장감을 즐겼었지. 벼락처럼 닥친 '그 일'이 있은 지 4년 만에 다시 관객 앞에 선 순간, 지나온 날들이 주마등처럼 스쳐갔다. 이날을 맞기까지 얼마나 많은 고통과 절망, 다시 일어서기 위한 분투의 몸짓이 있었던가.

나는 에스컬레이터 옆에 놓인 그랜드피아노 쪽으로 조심스레 걸음을 옮겼다. 그러고는 정겨운 조명이 비추는 피아노 의자에 비스듬히 앉아 왼발과 페달의 거리를 가늠해 보았다. 이쯤이면 넉넉히 힘주어 밟을 수 있겠구나. 마음이 놓였다. 나는 최대한 허리를 곧추세우고 옷매무새를 정돈했다. 지난 몇 년간 올린 간절한 기도가, 그 순간 바로 그곳에서 뜨겁게 흘러나왔다.

나의 모든 것을 아시는 주님, 여기 이곳에 저와 함께
계실 것을 믿습니다.

연주를 시작하려 의자에 앉자 피아노 주변을 둘러싸고 서 있는 관객들의 따스한 눈빛이 느껴졌다. 나를 향한 그들의 기대와 호기심에 마음이 설렜다. 이 느낌을 다시금 맛볼 수 있다니…. 얼마나 간곡하게, 또 간절하게 소망해온 무대이던가. 기쁨과 회한, 감사와 절망의 날들이 떠올랐다. 순간 뜨거운 뭉치 같은 것이 단전에서부터 목구멍으로 치밀어 올라왔지만 나는 빠르게 마음을 다잡았다. 그러고는 크고 긴 숨을 깊이 들이마셨다가 내쉬며, 천천히 그리고 조심스럽게 건반 위에 왼손을 올렸다.

이날 공연에서 나는 좀 특별한 곡을 선택했다. 카미유 생상스의 〈왼손을 위한 여섯 개의 연습곡〉이다. 많은 사람들이 알지 못하는, 심지어 전문 연주자였던 나조차도 전에는 몰랐던 곡이다. 하지만 나는 왼손 피아니스트로서의 새로운 시작을 알리기 위해 이 곡을 선택했다.

이 곡은 생상스가 연주 테크닉을 연마하기 위해 만든 18개의 연습곡 중 6개로 구성되었다. 생상스는 오른손을 다쳐 못 쓰게 된, 절친이자 피아니스트인 카롤린 드 세르를 위해 이 곡을 만들었다. 한 손을 쓰지 못하게 된 친구를 위해 안타까움을 담아 곡을 만든 생상스, 그리고 자신을 생각하며 한 음 한 음 악보를 써내려간 친구에게 고마워하며 피아노를 연주한 카롤린. 두 사람을 떠올리자 연습하는 내내 벅찬 감동이 밀려왔다.

이 곡은 '프렐류드', '알라 푸가', '모토 페르페투오', '부레', '엘레지', '지그' 여섯 개로 구성되어 있다.

잠깐 각 곡의 특징을 설명하자면, 첫 번째 곡 '프렐류드'에서는 맑고 청명한 봄날 또랑또랑한 물방울이 똑똑 떨어지는 듯한 경쾌함과 산뜻함이 느껴진다. 두 번째 '알라 푸가'는 긴 드레스 자락을 살짝 들고 사뿐한 걸음으로 숲을 거니는 숙녀의 설렘을 떠올리게 한다. 숙녀는 날아갈 듯 흥분된 마음을 꼭꼭 누르고 있지만 너무나 순진하고 어설프기만 해서 불규칙한 설렘의 진동에 당황하는 듯 보인다. 숙녀의 옷자락과 발그레한 얼굴을 맞댄 듯한 기분 좋은 상상이 이어지며 웃음이 입술 사이를 비집고 스며 나온다.

세 번째 '모토 페르페투오'는 빠른 속도와 동일한 음표로 구성된 곡의 특성처럼, 영원의 작은 조각들을 샘플링하는 것 같은 느낌을 준다. 두 번째 '알라 푸가'의 느낌이 이어져 펼쳐지는데 산책 나온 소녀와 숲속의 나비, 꽃들이 함께 어우러져 아름답고 우아한 춤을 즐기는 듯 보인다. 계속되는 맑고 밝은 분위기가 듣는 이에게 곧장 달려와 초록 바람과 싱그런 향내를 퍼

뜨린다.

네 번째 곡 '부레'에서는 성숙한 여인의 고아한 아름다움이 느껴진다. 능숙한 리듬 속 절제된 감정이 돋보인다.

다섯 번째 곡 '엘레지'에서는 고조되었던 감정이 차분하게 정돈되며 우아한 아름다움이 드러난다. 정제된 설렘은 내면의 정열로 성장했지만 함부로 드러나지 않아 더욱 강렬하다. 마지막 여섯 번째 곡 '지그'. 이 곡은 내게 특별한 감사와 자부심을 느끼게 해준다. 다시 조심스럽게 걸음을 시작하는 앞선 다섯 곡의 감정을 거듭 확인시켜주기 때문이다. 새롭게 태어나는 선율은 나를 깨운다. 새롭게 고개를 드는 경쾌한 감정이 나를 일으켜세운다. 연주하는 동안 내 겨드랑이는 날개라도 돋으려는 듯 간질간질하다. 기분 좋은 느낌은 설렘이 되어 건반 위 손가락을 부추기고, 곱은 발가락도 말랑말랑하게 만든다. 가볍고 가볍다. 어떤 것에도 붙잡히지 않은 기분은 건반 위에서 놀이하는 나를 만나게 한다. 나는 자유롭다.

여섯 개의 귀엽고 작은 물줄기는 한데 모여 물결이 되고, 다시 여러 개의 물줄기와 어울려 흐르고 휘몰아치다 이내 잔잔한 성품을 되찾는다. 명쾌하게 떨어진 물방울들은 건반 위를 춤추듯 미끄러진다. 이 곡을 연주할 때 나의 왼손은 가볍지만 강하게 피아노 건반을 만난다.

이날 나의 왼손이 그려내는 명료한 선율은 수줍고도 건강한 생기를 만들어내며 함께한 사람들의 사이사이로 울려 퍼졌다.

어메이징 그레이스

내 연주가 끝나자 전영혜 선생님이 피아노 쪽으로 천천히 다가왔다. 나의 선생님, 피아노를 '알게' 해주신 고마운 스승. 전영혜 선생님은 내가 처음 피아노를 시작할 때도, 왼손 피아니스트로서 제2의 인생을 시작할 때도 나를 이끌어준 진정한 스승님이다. 전영혜 선생님이 내 옆에 앉았다. 우리는 잠시 숨을 고른 후 함께 연주를 하기 시작했다.

Amazing Grace, how sweet the sound,
That saved a wretch like me.
I once was lost but now I'am found,
Was blind, but now I see.

선생님과 함께 빚어낸 선율은 무척이나 풍요로웠다. 〈어메이징 그레이스〉. '나 같은 죄인 살리신 주 은혜 놀라워'로 시작하는 찬송가다. 귀에 익숙한 곡이어서인지 관객들도 깊이 감정이입을 하는 것 같았다. 나중에 이 연주회 장면이 KBS 9시 뉴스에 보도되었는데, 담담한 표정으로 연주를 듣던 한 여성의 얼굴에서 또르륵 눈물방울이 떨어지는 것을 보았다. 아마도 자신이, 또는 사랑하는 이가 병중에 있거나 고통스러운 진단을 받았는지도 모르겠다. 나는 내 연주가 그에게 힘이 되었기를 마음속으로 기도했다. 이것이 바로 내가 생각하는 음악의 힘이다.

〈어메이징 그레이스〉는 영국 성공회 사제였던 존 뉴턴이 노예무역 당시 흑인을 학대했던 자신의 과거를 참회하며 쓴 곡으로 알려져 있다. 존 뉴턴은 그때의 경험으로 '한때 길을 잃었으나 신의 놀라운 은총이 나를 인도하셨다'라고 절절하게 고백한다. 한때 방황하고 눈이 멀었으나 지금은 밝은 빛을 볼 수 있다며, 언젠가 죽음을 맞이할 때 주의 은총으로 기쁨과 평화를 선물 받을 것이라는 확신에 찬 그의 고백이 그날 그 자리에 있던 이들에게 위로와 희망이 되어주었으리라 믿는다. 광야 같은 삶, 고통스러운 현실 속에서 눈물 흘리는 모든 이에게 마음 깊이 감동을 주는 위대한 약속의 서사였으리라 믿는다.

모든 삶에는 저마다 크고 작은 어려움이 있다. 많은 사람들이 도무지 넘을 수 없을 것 같은 벽 앞에서 절망과 고통을 경험한다. 나도 그랬다. 어둡고 긴 터널을 어떻게든 걸어가는 것밖에는 다른 선택지가 없는 현실을 맞닥뜨려야 했다. 그리고 그 과정에서 살아 있는 것, 숨 쉬는 것 자체가 하나님의 은총이라고 고백

할 수밖에 없었다. 〈어메이징 그레이스〉를 연주하면서, 그간 내게 벌어졌던 일과 그 가운데 경험했던 기적 같은 일들을 떠올리니 다시 한 번 감격스런 감사가 차올랐다. 연주가 끝난 뒤 전영혜 선생님이 내 오른쪽 어깨에 가만히 손을 얹었다.

"잘했다. 고맙다."

눈물을 글썽이는 선생님을 보자 가슴이 뭉클했다. 선생님의 가르침 덕분에 나는 피아노의 깊이와 연주의 즐거움을 알 수 있었고, 진심으로 피아노를 사랑할 수 있었다. 선생님은 내게 시련이 닥쳤을 때 왼손만으로 연주할 수 있다는 결코 상상하지 못했던 제안으로 나를 다시 세상 앞에 서게 한 분이다. 그리고 지금 나는 선생님과 함께 성모병원 로비에서 연주를 하고 있다.

'스승'의 사전적 의미가 '이끌어주는 사람'이라면 전영혜 선생님은 그 말뜻 그대로 피아노를 기술적으로 잘 칠 수 있게 이끌어주셨을 뿐 아니라, 강단에서 가르치는 내용을 삶에서 실천적으로 보여주신 분이다. 선생님 덕분에 나는 진정으로 음악과 함께하는 삶이 무엇인지를 알았고, 음악을 사랑하며 살아갈 수 있었다. 그리고 선생님 같은 훌륭한 연주자이자 좋은 스승이 되겠다는 꿈도 키워갈 수 있었다.

고등학교 2학년 때 장학생으로 선발되어 독일과 네덜란드에서 대학을 졸업하고 미국에서 박사과정을 밟을 때까지만 해도, 나는 내 의지대로 계획하고 성실하게 수행하기만 하면 바라는 바가 어렵지 않게 이루어질 거라 굳게 믿고 있었다. 만약 꿈을 이루지 못한다면 계획이 부실했거나, 노력이 부족했거나, 성실하지 못한 하루하루가 쌓인 결과일 것이라고만 생각했다. 그것이 얼마나 교만한 생각인지 깨닫는 데는 그리 긴 시간이 필요하지 않았다.

모든 사람이 불성실한 태도나 나쁜 생각 때문에 일을 그르치거나 벌을 받는 것은 아니다. 마찬가지로 성실하게 노력했다고 해서 모두 긍정적인 결과를 얻는 것도 아니다. 묵묵히, 성실하게 살았다 해도 때로 깊이를 가늠할 수 없는 크고 작은 고통과 탄식의 나날을 마주할 수 있다. 그것은 징벌이 아니며 마땅히 치러야 할 반성의 시간도 아니다. 그것은 우리가, 사람이 도무지 깨달을 수 없는 삶의 한 측면일 뿐이다. 그저 안타까워할 일일 뿐이다.

감사한 것은 그런 고통 속에서도 어떻게든 살아내려는 '몸부림'의 힘이 생긴다는 것이다. 그래서 우리는 누군가의 불행을 대할 때 안타까워하며 위로하고 응원을 보내야 한다.

그날 가톨릭대학교 서울성모병원 로비를 비추던 날카로운 햇빛은 어느 순간 포근한 볕을 만들며 나를, 그리고 그 시간을 함께하는 모두를 감싸안았다.

2016년 7월에 있었던 병원 로비 음악회는 우리에게 서로 기대어 사는 기쁨을 깨닫게 해준 시간이자, 2012년 귀국 후 4년이라는 기간을 힘써 살아낸 나에게 주는 의미 있는 선물이었다.

같은 길을 걸어가고 있는 훈이에게

피아니스트 • 경희대학교 음악대학 명예교수 **전영혜**

이훈의 연주는 매우 아름답고 감동적이다. 눈으로 직접 보지 않으면 두 손을 모두 사용하는 것으로 생각할 수밖에 없는 그의 연주를 듣다 보면 마음이 숙연해진다.

어느 날 피아니스트인 그의 앞을 가로막아선 절망의 벽. 지극히 고통스러운 시간을 보낸 끝에 그는 다시 도전했고, 오롯이 자신의 노력만으로 그 벽을 뛰어넘었다.

내가 경희대 음대 교수로 재직 중이던 1985년, 어머니와 함께 찾아온 선화예중 학생 이훈과의 첫 만남을 기억한다. 누구보다 음악을 사랑하는 마음이 컸던 이훈은 갑자기 나에게 "쇼팽의 에튀드 〈겨울바람〉을 누구보다 먼저 쳐내겠습니다."라고 씩씩하게 얘기했다. 그 어려운 곡을 누구보다 먼저 쳐내겠다니…. 어려운 테크닉의 벽 앞에서도 희망을 이야기하는 당차고 귀여운 모습에 그만 웃음이 터져 나왔다.

항상 긍정적으로 생각하고 말하는 훈이의 맑고 진솔한 심성은 그 후에도 자주 확인할 수 있었다. 훈이는 선화예고 2학년을 마치고 독일로 유학을 떠난 후 20년 동안 한결같이 제야의 종이 울리자마자 나에게 전화를 했다. 나중에 알고 보니 새해 첫날 첫 전화를 나에게 한 것이었다.

우리 가족이 유럽 여행을 갔을 때도 훈이는 숙소를 옮길 때마다 찾아와 불편한 점이 없는지 살피고 필요한 도움을 주었다. 그의 세심한 배려 덕분에 우리는 편안히 여행을 마칠 수 있었다.

그런데… 내가 미국에 체류하고 있던 어느 날 청천벽력 같은 소식이 들려왔다. 훈이가 미국 유학 중에 뇌졸중으로 쓰러져 의식을 찾지 못하고 있다는 소식이었다. 그 말을 듣고 어찌나 놀랐는지, 당시 나와 함께 있던 사람들이 내가 엄청 울었다고 이야기해줬는데도 정작 나는 상황을 기억하지 못했을 정도였다. 내게 전화를 걸어 그 소식을 알려준 사람이 훈이의 어머니였는지 다른 누구였는지도 사실 잘 기억나지 않는다.

몇 달 후, 훈이가 미국 생활을 정리하고 한국에 들어왔다. 나는 훈이가 재활 치료를 하는 병원 근처에서 함께 밥을 먹으며 "왼손으로만 피아노를 쳐 보면 어떻겠니?" 하고 권유했다.

나는 그해 9월 예술의전당 IBK챔버홀에서 제자들과 함께 연주회를 하기로 되어 있었다. "그때 너는 왼손으로, 나는 오른손으로 함께 모차르트 판타지를 연주하자." 그 후 훈이는 왼손으로 칠 수 있는 악보들을 구해 매일 8시간이 넘게 연습에 매진했다.

노력의 결과는 공연장에서 눈부시게 드러났다. 연주가 끝난 후 객석의 환호가 얼마나 열렬했는지…. 훈이의 연주에 감동한 관객들이 연신 뜨거운 눈물을 흘렸다. 훈이 역시 연주를 마치고 마음 깊숙한 곳에서 올라오는 격정을 이기지 못하고 눈물을 쏟아냈다. 피아노에 대한 훈이의 사랑과 열정을 나는 그 눈물로 알 수 있었다.

그 연주회를 기점으로 훈이는 왼손 피아니스트로 크게 성장했다. 사실 왼손만으로 연주한다는 것은 상상할 수 없을 정도로 힘든 작업이다. 한 손으로 양손이 하는 일을 다 해내야 하고, 그것으로 듣는 이에게 음악적인 충분한 감동을 주어야 한다. 훈이는 다른 사람보다 몇 배 더 노력했고, 그 결과 바흐-브람스의 〈샤콘〉과 스크랴빈의 〈왼손을 위한 전주곡과 야상곡〉, 고도프스키의 〈명상과 엘레지〉, 쇼팽의 〈에튀드〉 등 결코 쉽지 않은 곡들을 연주하기에 이르렀다. 그리고 그의 레퍼토리는 지금도 계속 발전하고 있다.

어느 날 훈이가 새로운 악보를 가져와 내게 보여주었다. 고도프스키가 쇼팽의 〈에튀드〉를 왼손만으로 연주할 수 있도록 편곡한 악보였다. 쇼팽의 〈에튀드〉는 양손으로 연주하기도 무척 어려운 곡이다. 이날 나는 훈이의 연주를 듣고 말할 수 없는 감동을 느꼈다. 이렇게 연주하기 위해 얼마나 피나는 노력을 기울였을까. 쇼팽의 〈에튀드〉를 누구보다 먼저 연주하겠다던 어린 시절의 훈이가 떠올랐다. 의지가 굳건하니 결국 해내는구나.

지금, 우리는 같이 음악의 길을 가고 있다. 나는 나의 길을 가고, 훈이는 훈이의 길을 간다. 시간이 흐르고 나이도 먹어가지만 음악에 대한 우리의 열망과 사랑은 계속되고 있다.

호로비츠처럼 90세가 넘어서도 피아노 앞을 떠나지 않는 연주자들을 보며 우리는 농익은 음악의 깊이를 만난다. 이훈은 내 제자인 동시에 음악의 길을 함께 걸어가는 동반자다.

앞길이 유망한 이훈. 나는 이훈이 세계적으로 큰 영향력을 떨치는 연주자가 되리라 확신한다. 앞으로도 나는 그의 가능성을 널리 알리는 데 힘쓸 것이다.

연주회가 끝나고

그날, 도둑처럼 나를 찾아온

나는 왼손으로 피아노를 연주한다. 보통의 피아니스트들은 양손을 써서 풍부한 음악을 만들어내지만 나는 한 손으로 멜로디와 화음을 동시에 연주한다. 엄지손가락으로는 멜로디를 연주하고, 나머지 네 개의 손가락으로는 화음을 만든다. 물론 처음 피아노를 시작할 때부터 이랬던 건 아니다. 좀 더 솔직하게 말하자면 왼손으로만 연주할 수 있는 곡이 1천 개가 넘는다는 사실조차 몰랐다. 그러나 그날, 도둑처럼 나를 찾아온 그 사건 이후 나는 변했다.

운명을 완전히 뒤바꿔놓은 사건이 벌어진 건 2012년 여름이었다. 그때 나는 미국 신시내티대학교 음악대학에서 박사과정을 밟고 있었고, 논문 심사를 앞두고 있었다. 논문을 쓰는 일은 크게 부담스럽지 않았다. 논문 주제를 일찌감치 결정했기 때문에 전체 개요를 완성하고, 자료를 수집하고, 선행 연구를 검토한 후에는 스스로를 격려하며 매일 조금씩 진도를 나가고 있었다. 그러는 과정에 연구의 독창성이 쌓이고 자신감이 커지니 하루하루가 즐겁기만 했다.

태어나면서부터 긍정성을 장착한 덕분인지 무슨 일이든 원만히 해결될 거라는 믿음이 내겐 있었다. 덕분에 논문을 쓰는 일도 크게 괴롭거나 힘들지 않았다.

그날도 평소와 다르지 않은 수많은 날 중 하루였다. 나는 논문을 쓰다가 평소처럼 저녁 7시쯤 지하 조리실로 내려갔다. 당시 나는 혼자 사는 독일인 할머니댁 2층에 2년째 세 들어 지내고 있었는데 그 집에서의 생활은 아주 만족스러웠다. 애초에 할머니가 내건 입주 조건이 '독일어를 할 줄 아는 남학생'이었기 때문이다. 집에 스타인웨이 그랜드피아노가 있어 시간이 날 때마다 연주를 할 수 있다는 점도 좋았다.

그 시절 나는 자칭 타칭 '프로 오지라퍼'였다. 워낙 사람을 좋아하고 친구들과 경험과 생각을 나누는 일에도 열심이어서, 나의 하루는 새벽부터 저녁까지 해야 할 일과 계획들로 빼곡하게 차 있었다. 나는 고등학교 2학년 이후 10여 년째 유학 생활을 하고 있었기 때문에 타국살이에 무엇이 필요한지 잘 알고 있었다. 그러다 보니 미국 유학을 온 한국 학생들이 잘 적응하도록 돕는 것이 중요한 일과 중 하나가 되어 있었다. 후배들 사이에서 나는 '무슨 질문에든' 거의 자동판매기 수준으로 해답을 내놓는 사람으로 통했다.

먹는 것도, 요리하는 것도 좋아해 친구나 후배들과 함께 학교 주변 맛집을 찾아다니고, 새로 문 연 식당의 음식 맛을 나름의 방식으로 구현해내는 것에도 재미를 느끼고 있었다. 그래서 종종 사람들을 집으로 초대해 한국의 맛을 '찐하게' 느낄 수 있는 음식을 만들어주곤 했다. 그런 나를 위해 주인 할머니는 특별히 지하 조리실을 쓸 수 있도록 배려해주셨다.

그날은 두부김치찌개를 끓였던 것 같다. 사실 기억이 잘 나지 않는다. 가스불 위에 냄비를 올리고 냉장고 문을 열어 재료를 꺼내려는 순간 한 번도 경험해 보지 못한 어지럼증이 나를 덮쳤다. 그 이후는 캄캄. 며칠 뒤 병원에서 깨어났을 때도 현실에 대한 이해는 없었다. 병원에 있는 것 같긴 한데 이것이 현실인지 꿈인지 구분되지 않았고, 여기에 어떻게 오게 되었는지, 내 몸에서 어떤 일이 일어난 건지 도무지 알 수가 없었다.

같은 대학에서 공부하던 후배가 나중에 말해준 바에 따르면, 나는 열흘 만에 깨어났다고 한다. 처음 병원에 도착했을 때 머리가 풍선처럼 부풀어 있었고, 응급수술을 하지 않으면 안 될 정도로 상태가 위중했다고 한다. 나는 신시내티 대학병원에서 응급수술을 한 뒤 의식이 돌아오지 않은 상태에서 근처 재활병원으로 옮겨졌다. 여전히 무슨 일이 벌어졌는지 알지 못한 채.

뇌졸중. 내 병명이었다. 머릿속 혈액의 흐름에 문제가 생긴 것이었다. 흔히 뇌졸중이 오기 전에 전조증상이 있다는데 이렇게 될 때까지 어떤 증상도 인지하지 못했다는 것이 너무나 아쉽고 속상했다. 정말 그전까지 어지러움을 느꼈다거나 말이 어눌해졌다거나 신체 어느 부분의 동작이 특별히 둔해졌다거나 하는 일반적인 전조증상이 전혀 없었다. 그러니 깊은 밤에 도둑을 맞듯 속수무책으로 당할 수밖에.

불행 중 다행이고 감사한 것은 나를 주인 할머니가 비교적 빨리 발견하셨다는 점이다. 할머니는 평소 이른 저녁 식사를 하고, 1층 거실에서 텔레비전을 조금 보다 저녁 7시 무렵이면 잠자리에 드셨다. 그날도 나는 주인 할머니께 안녕히 주무시라는 인사를 하고는 지하 조리실로 내려갔었다.

우리는 살면서 수도 없이 '그때 만약 이랬더라면, 또는 그렇게 하지 않았더라면' 하고 가정한다. 나도 그랬다. 그때 논문 준비를 좀 쉬엄쉬엄 했더라면, 쓰러지기 전 한국에서 독주회를 할 때 유난히 피곤했는데 그때 좀 더 건강에 신경 썼더라면…. 이런 생각을 안 해 본 것은 아니다. 하지만 나는 그 '가정법'을 과거에 대한 후회가 아닌 나에게 제2의 삶을 선물해준 주인 할머니께 감사드리는 일에 사용하기로 했다.

어쩐 일인지 주인 할머니는 그날 평소보다 오래 텔레비전을 보셨다고 한다. 그날따라 잠이 오지 않아 텔레비전 앞에서 무료하게 시간을 보내던 중 내가 올라올 시간이 지났는데도 조용한 것이 이상했다고 한다. 할머니는 평소 이런저런 당부를 자주 하시는 편이 아니었다. 때문에 특별히 내가 한국 음식을 대접하고 싶어 초대할 때 외에는 지하 조리실에 내려오지 않으셨다. 그런데 그날따라 무슨 느낌이 들었는지 지하로 내려왔다가 이 상황을 목격하신 것이다. 할머니는 놀란 몸과 마음을 얼른 추스르고 911을 부르셨다고 한다.

만약 할머니가 텔레비전을 평소보다 오래 보지 않으셨다면, 내가 오랫동안 조리실에서 올라오지 않는데도 평소대로 방으로 들어가 버리셨다면, 조리실로 내려오지 않으셨다면….

만약 그랬다면 나는 지금 이 세상에 없을 수도 있다. 그 밤, 주인 할머니가 이전에 하지 않았던 행동을 하신 덕분에 지금 나는 살아 있다. 모든 것이 감사할 뿐이다.

나를 살린 사람들

주인 할머니의 빠른 대처 덕분에 나는 신시내티 대학병원에서 응급수술을 받을 수 있었다. 좌뇌의 일부분을 들어내는 대수술이었다. 응급수술을 결정하는 순간부터 이후 한국에서 어머니와 동생이 도착할 때까지 나의 보호자가 되어준 이들은 신시내티대학에서 함께 유학하던 한국 친구들과 후배들이었다.

나중에 들은 얘기지만 그날 나를 살리기 위한 일련의 과정은 무척 급박하면서도 조직적이었다고 한다. 주인 할머니는 내 지인들에게 어떻게 연락할 것인지가 가장 큰 어려움이었다고 나중에 말씀하셨다.

그러다 독일과 신시내티에서 나를 지도한 제임스 토코 교수님을 기억해내셨고, 다행스럽게도 워싱턴에 있는 딸 집을 방문 중이던 교수님에게 연락이 닿았다.

토코 교수님은 소식을 듣자마자 신시내티대학의 한국 유학생들에게 연락했고, 서로를 격려하며 함께 공부하던 친구와 후배들은 한달음에 병원으로 왔다. 그중에는 내가 살던 집에 놀러 왔던 친구들도 있었다. 그들은 바로바로 연락망을 돌리고, 당장 진행되어야 하는 수술을 위해 보호자를 자처하며 모든 수속을 도맡았다.

그때부터 대대적인 셜록 홈즈급 추리가 시작되었다. 가장 급한 일은 한국의 가족에게 연락하는 것이었다. 휴대폰에 비밀번호가 설정되어 있어 열 수 없으니 한 후배가 한국에서 있었던 나의 독주회를 기억해냈고, 하숙집을 뒤져 한 장의 팸플릿을 겨우 찾아냈다. 그런 다음 기획사에 전화를 걸어 부모님 연락처를 알아냈다. 지금 보면 모든 과정이 순조롭게 '뚝딱' 해결된 것 같지만, 후배들은 연락처를 알아내기까지 일각이 여삼추 같았다고 회상한다.

어머니는 늦은 밤 전화벨이 울리는 순간 뭔가 좋지 않은 일이 생긴 것을 예상하셨다고 한다.

소식을 듣자마자 가장 빠른 비행기표를 수소문했지만 때는 8월. 방학을 맞아 한국에 와 있던 유학생들이 미국으로 돌아가는 최성수기였다. 직항 티켓을 끝내 구하지 못한 어머니와 막냇동생은 일본에서 출발하는 항공편을 어렵사리 구해 비행기에 몸을 실었다. 서울에서 부산으로, 다시 도쿄로 이동해 시카고를 거쳐 신시내티에 이르는 기나긴 여정이었다.

나중에 어머니는 그때를 이렇게 회고하셨다.

"비행기를 타고 오는 내내 아무 말도 하지 않았어. 그런데 참 이상하지. 자초지종을 알지 못해 애가 탔지만 네가 죽을 수도 있다는 생각은 들지 않았어. 혹시 자리에서 일어나지 못하면 어쩌나 하는 두려움도 없었고…. 그저 쉬지 않고 기도했어. 비행기에서 내리자마자 병원 중환자실로 달려갔지. 머리와 얼굴은 퉁퉁 부어 있었지만 단번에 너인 걸 알아보았어. 바로 무릎을 꿇고 하나님께 기도드렸지. 난 아무것도 할 수 있는 게 없다고, 모든 것을 하나님께 맡긴다고. 그러니 하나님께서 알아서 해주시라고."

어머니가 무릎을 꿇고 절절한 기도를 올릴 때 안타깝게도 나는 의식이 없었다. 하지만 돌아보면 어머니의 걸음과 숨소리 하나까지 명료하게 느꼈던 것 같다. 자식을 위해 모든 시간과 에너지를 내어준 어머니. 그 어머니가 갑작스레 맞닥뜨린 아픔을 무엇으로 헤아릴 수 있을까.

그날 어머니는 결코 목놓아 울지 않으셨다. 의식 없이 누워 있는 아들의 얼굴과 손발을 찬찬히 쓰다듬을 뿐 왜 이렇게 되었는지 한탄하지도, 어떻게 된 일인지, 앞으로 어떻게 될 것인지도 묻지 않으셨다.

수술이 끝난 뒤에도 내 의식은 얼른 돌아오지 않았다. 눈은

떴지만 주변의 소리에 전혀 반응하지 않았고, 당연히 의사소통도 되지 않았다.

수술 후 이삼 일이 지나자 나는 미국 병원 시스템에 따라 재활병원으로 옮겨졌다. 재활병원으로 간 뒤에도 상태는 크게 호전되지 않았지만 다른 병실과 달리 내가 있는 병실은 언제나 사람들로 북적였다. 지인들은 한순간도 나와 어머니만 남겨두지 않겠다는 듯 번갈아가며 자리를 지켰고, 제임스 토코 교수님은 아침저녁 출퇴근길마다 들러 내 상태와 어머니의 안부를 확인하셨다.

나는 독일 뤼벡 음대에서 공부할 때 토코 교수님을 사사했다. 그러다 몇 년 후 미국 신시내티 음대에서 교수님을 다시 만났고, 우리는 어느 순간 사제지간을 넘어 부자지간 같은 관계가 되었다. 교수님은 내가 쓰러졌다는 소식을 듣고 크게 놀랐지만, 반드시 다시 일어나리라는 것을 한순간도 의심하지 않으셨다고 한다.

내가 죽을 때까지 감사해야 할 사람들이 또 있다. 바로 신시내티 음악대학 친구들과 후배들이다. 그들은 나를 돌봐줬을 뿐 아니라 나를 간호하느라 애쓰시는 어머니도 물심양면으로 보살펴드렸다.

어머니는 병원에 도착한 날부터 한국으로 돌아오기까지 넉 달 동안 자신의 몸은 돌보지 않고 오로지 나의 간병과 재활에만 온 힘을 쏟으셨다.

나는 키가 180센티미터에 체격도 건장한 편이었고, 쓰러진 후에는 제대로 운동을 하지 못해 몸무게도 상당히 불어 있었다. 그런 나를 동양 여성 평균 체형인 어머니가 돌본다는 건 쉽지 않은 일이었다. 다시 아기가 된 마흔 살 아들은 아침에 눈을 떠 저녁에 잠들 때까지 어머니의 손길 없이는 생활이 불가능한 상태였다. 이런 아들을 병수발하느라 몸과 마음이 지쳐가던 어머니를 친구들과 후배들이 정성을 다해 돌봐드린 것이다.

당시 신시내티대학교에서 공부하던 한국인 유학생 대부분이 여러모로 신경을 써주었는데, 그중에서도 특히 후배 다섯은 조를 짜서 병원에 살다시피 하며 나와 어머니를 보살폈다. 이들은 어머니 입맛에 맞는 반찬과 식사를 챙겼고, 어머니가 의료진과 대화할 때 불편하지 않도록 언어 소통을 도왔다.

차가 없으면 움직이기 어려운 미국에서 어머니의 이동을 책임진 것도 이들이었다. 덕분에 어머니는 교회를 찾아 아들의 투병 생활이 빨리 마무리되기를 온 마음으로 기도할 수 있었고, 간혹 마트에 가서 고된 간병의 시름을 살짝 잊을 수도 있었다.

나중에 어머니에게 들으니 그때 가장 힘들었던 점 가운데 하나가 나를 목욕시키는 일이었는데 그 일을 후배의 남편이 일주일에 한두 번씩 도맡아 해주었다고 한다. 이것이 누가 시킨다고 할 수 있는 일일까.

어머니가 감사한 마음을 표하니 후배들은 한목소리로 이렇게 말했다고 한다.

"저희가 처음 유학 왔을 때 훈이 오빠가 얼마나 잘해줬는데요. 모르는 것도 잘 알려주고 다 챙겨줬어요. 그걸 생각하면 지금 이 정도는 아무것도 아니에요."

많은 사람들이 매 순간 눈앞의 이익만 생각할 뿐 즉각적인 결과가 나오는 일이 아니면 쉽사리 베풀려 하지 않는다. 집에서 멀리 떨어져 유학하다 보면 아무래도 삶에 여유가 없어지고 팍팍해지니 이해가 안 가는 것도 아니다. 나는 당장 조금 손해를 보는 것 같더라도 가능한 한 주변 사람을 살피면서 살고자 노력했는데 그것이 가장 힘들 때 사랑이라는 형태로 돌아오지 않았나 싶다.

가까이에서 그림자처럼 챙겨준 이들 덕분에 힘든 시간을 견뎌낸 어머니는 지금도 그들을 딸, 아들처럼 여긴다. 그때 내가 받은 도움을 표현하기에는 이 지면이 한없이 부족하고, 내 글솜씨로는 다 표현할 수도 없다. 그렇기에 그저 힘껏 그들의 이름을 부르는 것으로 고마운 마음을 전하려 한다.

"고맙다! 강용식, 김수진, 김은정, 김정인, 서혜리, 정도행, 한창석! 내 신시내티 친구들!!"

다시 세상에 건넨 첫인사

여느 날과 다르지 않은 특별할 것 없는 아침이었다. 그날도 어머니와 후배들, 교수님은 내가 깨어나기만을 기다리며 두런두런 이야기를 나누고 있었다. 후배들에게 간단한 한국어를 배우던 교수님이 독일어 아침 인사 '구텐 모르겐 Guten Morgen'을 한국어로 무엇이라 하는지 물었다. 그때였다.

"안…녕…하…세…요…."

비록 힘은 없지만 똑똑하게 들려오는 다섯 글자에 온 병실이 뒤집혔다. 병상에 누워 눈만 꿈벅거릴 뿐 정신이 돌아왔다는 어떤 징후도 보이지 않던 내가 어눌한 발음이지만 인사를 건넨 것이다. 그 순간, 그 자리에 있던 사람들이 일제히 기쁨의 환호성을 질렀다.

안. 녕. 하. 세. 요.

이 다섯 글자 인사는 내가 세상에 복귀했다는 것을 알리는 신호였다. 생사의 갈림길에 서 있던 한 사람이, 따뜻한 주위 사람들의 목소리를 내비게이션 삼아 심연을 지나 밝은 세상으로 나온 것이다. 그것은 이전의 나와는 달라진, 또 다른 나로 살아가겠다고 세상에 던지는 인사였다.

열흘 만에 아들의 목소리를 들은 어머니는 어쩔 줄 몰라 하며 우셨다. 곁에 있던 지인들은 마치 드라마에서처럼 들뜬 목소리로 자신을 알아보겠느냐고, 알아본다면 눈을 깜빡여보라고 소리치며 부산을 떨었다. 내가 잠깐 턱을 아래로 내렸다 올리자 다들 감격해 뜨거운 눈물을 흘렸다.

나는 그 자리에 있던 모든 사람을 알아봤다. 하지만 그 외의 모든 것은 낯설고 어리둥절했다. 눈을 떠 보니 병원 같은 곳에 있는데 내가 왜 여기에 왔는지, 내 몸에 무슨 일이 생긴 건지 도저히 알 수가 없었다. 통증은 크게 느껴지지 않았지만 머리는 마치 돌덩이가 얹힌 듯 묵직했고, 몸은 무언가에 묶인 것처럼 갑갑했다.

문제는 또 있었다. '안녕하세요' 한마디를 끝으로 목소리가 더 이상 나오지 않았던 것이다. 말을 하려고 해도 소리는 나지 않고, 힘없는 바람만 맥없이 혀와 이 사이로 흩어지기를 반복했다. 하고픈 말은 한가득인데 어찌된 일인지 목구멍 밖으로 나오지 않았다. 나는 너무나 당황스러웠다. 자신의 이름이라도 한번 불리길 기대하던 지인들 역시 놀라 아무 말도 못하고 있었다. 두려움이 엄습했다.

나는 뇌졸중으로 왼쪽 뇌의 60퍼센트를 상실했다. 뇌의 왼쪽과 오른쪽은 몸의 서로 다른 기능을 조절하기 때문에 뇌졸중이 발생한 위치에 따라 후유증도 다르게 나타난다. 나는 왼쪽 뇌를 다쳐서 신체 오른쪽 부분에 후유증이 도드라지게 나타났다. 오른손을 움직일 수 없었고, 오른쪽 다리에도 힘을 줄 수 없었다. 처음에는 힘없이 늘어진 팔과 곱은 손가락이 얼마나 낯설던지 내 통제를 벗어난 '다른 것'이 몸에 붙어 있는 것만 같았다. 가만히 만져도 보고 살살 꼬집어도 보았지만 전혀 감각이 없었다. 오른팔은 물론이거니와 다리도 아무 움직임 없이 멋대로 널브러져 있을 뿐이었다.

무엇보다 두려운 것은 말을 할 수 없다는 사실이었다. 혀가 너무나 무거웠고, 목에서 간신히 소리가 나온다 해도 말로 빚어지지 못했다. 발음이 되지 않는 답답함은 정말로 견디기 어려웠다. 언어 영역도 왼쪽 뇌가 관장하는 것이라 왼쪽 뇌를 다치면 언어 능력에 장애가 생길 수밖에 없었다. 목소리도 성대 근육이 움직여야 나오는데, 좌측 뇌의 운동 기능이 손상되면서 성대 근육에도 이상이 생긴 것이었다.

혼수상태에서 깨어난 뒤 하고 싶은 말이 참 많았는데 그 말이 소리가 되어 닿지 않으니 속상했고, 주변 상황을 인식할 수 있는데 말이 나오지 않는 상태가 얼마나 오래 지속될까 생각하면 두려웠다. 침묵 속에 갇힌다고 생각하니 무서웠고, 내가 좋아하는 사람들과 이야기를 나눌 수 없다는 생각을 하니 슬펐다.

그러던 어느 날인가, 나는 주변에서 들리는 독일어에 유일하게 반응하기 시작했다. 내게는 독일어와 영어가 모국어만큼이나 익숙한 언어였고, 일어도 어느 정도는 구사할 줄 알았다. 하지만 수술 후에는 독일어를 제외한 어떤 언어도 알아들을 수도, 말할 수도 없었다(한국어도 처음 깨어났을 때 말했던 "안녕하세요" 한마디 외엔 더 이어지지 않았다). 그래서 내가 독일어로 어눌하게 말하면 독일에서 함께 유학했던 후배가 의료진에게는 영어로, 어머니에게는 한국어로 통역하는 웃지 못할 상황이 펼쳐졌다.

하지만 이상하게도 오른팔과 오른발을 움직이지 못하는 상태가 오랫동안 혹은 영구적으로 지속될 거라는 생각은 들지 않았다. 의사는 수술 후 재활의 결과를 예측하기 어렵다고 말했지만 왠지 내게는 점차 나아질 것이라는 확신이 있었다. 그래서인지 그때는 말을 못할지도 모른다는 두려움을 이겨내는 것만이 유일하고도 급한 과제로 다가왔다.

다시 피아노를 연주할 수 있을까, 라는 문제는 당장의 걱정도

두려움도 아니었다. 그때의 내가 할 일은 한 번도 상상해 보지 않은 상황, 한 번도 경험해 보지 못한 매일과 순간을 인내하고 인정하는 것뿐이었다.

기꺼이 살기 위해

이제는 오른쪽 신체를 움직이는 연습을 할 차례였다. 나는 부들부들 떨리는 몸에 낯설어하면서 스스로 몸을 움직이는 것이 얼마나 감사한 일인지 생각하고 또 생각했다. 화려한 기교를 넣어 피아노를 치고, 맛있는 요리를 하고, 위트 있는 대화로 주위를 웃음바다로 만들던 일상이 사치가 되어버렸다는 사실에 절망한 날도 물론 있었다. 하지만 언제까지 좌절하고 있을 수만은 없었다. 그러기엔 다시 주어진 삶이 너무 소중했다.

일반적으로 의학계에서는 뇌졸중 재활의 골든타임을 발병 후 3개월 정도로 본다. 보통 3개월 이내면 부분적으로 손상되었던 뇌세포가 회복되기 때문이다. 그러니 의식을 찾은 뒤에는 하루라도 빨리 재활 치료를 받아야 했다.

미국에서의 재활 치료는 운동장 같은 넓은 곳에서 치료사의 도움을 받아 보호자와 함께 걷는 것부터 시작했다. 사실 걷는다고 하기조차 민망한 수준이었다. 나는 부축을 받아 휠체어에서 일어난 다음, 마치 처음 걸음마를 시작한 아기처럼 치료사가 이끄는 대로 하나둘 걸음을 뗐다. 건장한 체격의 재활 치료사는 내 뒤쪽에 서서 겨드랑이에 끼운 끈을 잡아 내가 양쪽 다리로 버틸 수 있도록 도와주었다.

나는 쓰러진 후 처음 두 다리로 땅을 딛고 선 순간을 잊지 못한다. 물론 뒤에 있던 재활 치료사에 의지해 겨우 섰을 뿐이지만, 그날 내 마음속에서는 다시 걸을 수 있다는 희망이 희미하게 피어올랐다.

하지만 역시나 재활 훈련은 쉽지 않았다. 거의 하루 종일 운동 치료와 작업 치료, 언어 치료를 병행하다 보면 몸은 녹초가 되기 일쑤였다. 특히 두 다리로 서서 운동 치료를 하는 동안엔 온몸에 힘이 들어가 걸음을 뗄 때마다 땀방울이 뚝뚝 떨어졌다. 그나마 다리의 경우는 좀 나았다. 다리는 큰 근육으로 이루어져 있고, 일단 서기만 하면 바닥을 딛게 되니 자연스레 중력을 받았기 때문이다.

문제는 팔이었다. 팔은 약한 날개 근육에 붙어 있는 데다 중력을 받지 않고 허공에 떠 있다 보니 재활이 어렵고 효과가 나타나는 속도도 더뎠다. 그래서 어깨와 팔, 손가락 등을 치료하는 과정이 무척이나 까다로웠다. 컵이나 블록같이 가볍고 단순한 모양의 물건을 집어 올리고 옮기는 등의 반복적인 훈련은 내가 처한 현실을 다시금 상기시켰고, 그때마다 표현하기 힘든 자괴감이 밀려왔다. 일어서고, 셔츠 단추를 채우고, 컵을 들어물을 마시는 등의 지극히 일상적인 행동도 못할지 모른다는 공포가 무겁게 나를 짓눌렀다.

상황이 이렇다 보니 손가락 하나하나로 건반을 누르고, 건반을 누르는 강도에 따라 음악적 표현이 달라지는 피아노 연주는 아예 상상조차 불가능했다. 내게 '피아니스트', '교수'라는 단어는 영영 닿을 수 없는 꿈이, '희망'이란 두 글자는 두려워 입 밖으로 꺼낼 수조차 없는 단어가 되어가고 있었다.

그렇다고 맥없이 앉아 시간이 흐르기만 기다릴 수는 없는 노릇이었다. 다시 살기 위해 나는 한 번 더 훈련해야 했고 더 많은 땀을 흘려야 했다.

다행스럽게도 나는 그 지난했던 재활 과정을 통해 오롯이 나 자신에게 집중할 수 있었고, 걷겠다는 마음과 의지가 하나로 모아지는 경험을 할 수 있었다. 몸을 스스로 통제할 수 없다는 무력감이 시시때때로 나를 괴롭혔지만 하루라도 빨리 나아져야 한다는 바람으로 버틸 수 있었다.

포기할 수 없었던 또 하나의 이유는 어머니였다. 어머니는 내가 재활 치료를 받을 때마다 늘 함께 계셨다. 나를 보며 눈물을 흘리지도, 힘든 내색을 하지도 않으셨다. 시간이 많이 흘러 상태가 상당히 호전되었을 때에야 비로소 어머니는 그 시절의 힘들었던 마음을 털어놓으셨다.

홀로 많이 우셨다고 한다. 한 발 떼는 것조차 고통스러워하는 나를 보면서 또 매섭고 단호하게 대하는 치료사를 보면서 이렇게까지 해야 하나 싶어 속이 타들어갔지만, 그럴 때마다 약해지는 마음을 다잡았다고 한다. 자신이 약한 모습을 보이면 내가 주저앉고 말까 봐…. 혹여 내게 부담이라도 될까 어머니는 기대의 마음도 드러내지 않으셨고, 과한 칭찬이나 격려의 말도 최대한 아끼셨다.

어머니는 꿈을 위해서라면 힘든 길도 마다 않겠다는 자식들의 의지를 확인하고 나면 말없이 필요와 도움을 채워주시는 분이다. 내가 덤덤하게 마비와 언어장애라는 상황을 받아들이고 '할 수 있는 일을 할 수 있었던' 것도 어쩌면 어머니가 50여 년간 몸으로 보여주신 '마음 표현의 힘' 덕분일 것이다.

삶은 내가 계획하고 짐작했던 것과는 전혀 다른 방향으로 흘러가고 있었다. 그렇다면 미래 또한 알 수 없는 것이 된다. 그러니 무엇이든 어떻게든 내 뜻대로 꾸려가겠다는 생각이 부질없다는 사실을 인정하는 것이 어쩌면 철저하고 구체적인 계획보다 더 중요한 과제인지도 몰랐다.

  그렇다면 기꺼이 살고, 기쁘게 살아야 했다. 힘을 빼고, 곁에 있는 사람들에게 감사하며 주어진 시간과 계절의 흐름에 기대어 살면 되는 일이었다. 이렇게 생각을 정리하고 나니 반신불수로 평생을 타인의 보살핌 속에 살아야 할지 모르는 나의 삶도 긍정할 수 있겠다는 희망이 생겼다.

아들아, 너의 삶이 평안하기를 기도한다

이훈의 어머니 **풍옥희**

사랑하는 아들, 훈아

네가 독일로 유학을 떠나던 순간이 떠오르는구나.

어려서부터 책임감과 자립심이 강했던 너는 전지훈련과 시합으로 늘 집을 떠나 있던 아빠의 자리를 장남이라는 이름으로 메운 기특한 아들이었지. 그래서인지 너는 다섯 살 무렵부터 잠들기 전이면 문단속과 불 단속을 하고, 현관의 신발을 가지런히 정리하곤 했단다. 그러니 앞날을 위해 스스로 유학을 결정하는 것은 그리 놀라운 일이 아니었지.

혼자 유학을 떠나던 날 가슴이 찢어지던 나와 달리 넌 반짝이는 모습으로, 발걸음도 가볍게 출국장 안으로 들어가더구나. 그 모습을 보며 나는 눈물이 멈추질 않았단다. 울면서 지내는 날들은 그 뒤로도 한동안 계속되었지. 하지만 그러는 동안 한 가지 깨달은 게 있단다. 내가 부질없는 걱정을 하고 있다는 것. 늘 스스로 잘해내는 널 위해 엄마는 기도만 하면 되는 거였는데.

새롭게 시작된 미국 생활도 문제 없이 적응할 거라고 믿었지. 그러다 네가 쓰러졌다는 연락을 받았어. 그때 미국까지 어떻게 갔는지 기억도 나지 않는구나. 정신없이 달려가 중환자실에 혼수상태로 누워 있는 널 보았을 때의 내 마음을 어떻게 표현해야 할까. 붕대로 칭칭 싸맨 머리에 퉁퉁 부은 얼굴은 평소 네 모습과 달랐지만 내 눈엔 여전히 한없이 예쁜 아들이었단다. 너를 보자마자 나는 네가 누워 있는 침대 앞에 무릎을 꿇고 기도했지. 너를 사랑하는 사람들의 기도가 하늘에 닿은 걸까. 너는 얼마 후 의식을 회복했고 재활 치료에 들어갈 수 있었단다.

네가 쓰러지고 한국으로 돌아오기까지 4개월 동안 절망감에 몸부림을 친 적도, 재활 치료로 고통스러워하는 너를 보며 포기하고 싶었던 날도 많았어. 하지만 절대 놓지 않았던 단 한 가지는 네가 다시 일어나 걷고 피아노를 칠 수 있을 거라는 희망이었어.

한국으로 돌아온 후에도 넌 정말 죽을 힘을 다해 치료를 받았지. 일대일로 치료하던 미국과는 방식이나 환경이 달라서 처음에는 고전했지만 차츰 적응해가면서. 그렇게 그 겨울을 보내고 따뜻한 봄이 되어 처음 휠체어를 타고 밖으로 나가던 날이 기억나는구나. 얼마 뒤에는 내 손을 붙잡고 조금씩 걷기도 했지. 네가 지팡이에 의지해 혼자 걷는 연습을 시작했을 때 우리를 응원하고 격려해주던 동네 주민들이 얼마나 고마웠는지 몰라.

하지만 마음대로 움직여지지 않는 너의 오른쪽 팔과 다리는 언제나 엄마의 마음에 가시처럼 박혀 있었어. 그러다 보니 네가 피아노를 다시 칠 수 있을 거라는 희망은 한쪽으로 밀어놓을 수밖에 없었지. 어쩌면 용기가 안 났던 것 같기도 해.

그렇게 재활 치료를 해나가던 어느 날 전영혜 교수님이 말씀하셨어. "하나님께서 너를 특별히 귀하게 쓰시려다 보다. 세상에 양손 피아니스트는 무수히 많지만 왼손으로만 피아노를 치는 사람은 드물어. 하지만 너처럼 오른손을 쓰지 못하는 사람들을 위해 만들어진 곡이 1천 곡이 넘는단다." 그러곤 물으셨어. "훈아, 피아노 치고 싶지?" 너는 두 번도 생각하지 않고 "네." 하고 대답하더구나. 그 순간 네 마음속에서 타오르는 피아노에 대한 열망을 느꼈단다.

그날 너는 피아노 앞에 앉았고, 피아니스트의 꿈을 다시 꾸기 시작했지. 왼손 피아니스트의 꿈을.

박사 학위를 받기 위해 미국으로 가던 날을 기억하니? 사실 출발할 때부터 고난의 연속이었지. 긴 비행으로 등에 무리가 왔지만 그것이 너의 의지를 막지는 못했어. 무사히 끝났다는 안도감 때문이었을까. 많게는 하루 2회 공연의 강행군을 마친 후 네 얼굴 근육이 뒤틀렸어. 다행히 두 시간 정도 거리에 있는 한의원을 알아내서 침을 맞은 후 얼굴이 제대로 돌아왔고, 학위 수여식 날 한국에서 온 가족들과 오랜만에 즐거운 시간을 보낼 수 있었지. 그날 나는 그때까지 한 번도 본 적 없는 너의 밝은 얼굴을 보았어. 학위를 받고 기뻐하는 모습이 꼭 어린아이 같았지.

훈아, 지금도 너는 연습을 하고 있구나. 또다시 피아노 앞에 앉아 있구나. 그 모습을 볼 때마다 생각한단다. 그래, 네가 있어야 하는 자리는 그곳, 피아노 앞이다. 넌 피아노를 떠나 살 수 없구나….

2019년부터 독주회와 초청 연주, 각종 행사 등 너를 부르는 곳이 있으면 나는 여전히 너와 함께 출동하고 있지. 그때마다 생각해. 너를 위해 나의 건강을 더 열심히 챙겨야겠다고. 어느 새 칠십대 중반이 됐지만 나는 언제나 너의 엄마인 것을 잊지 않고 있어.

오전에 연습하고, 점심 식사 후 밖에서 운동하고 들어와 저녁 식사 전까지 다시 연습, 저녁 식사 후에 또다시 연습. 하루를 열심히 살아가는 너의 곁에 언제까지 있을지 모르지만 늘 감사하는 마음으로 내가 할 수 있는 모든 것을 할게.

올해 11월 일본 도쿄에서 뤼벡대학 친구들과 갖기로 한 특별 연주회가 정말 기대된단다. 선배가 작곡한 곡을 친구들과 같이 연주하는 연주회라 상상만 해도 행복하다는 네 말에 나도 덩달아 행복해지는구나. 나의 곁에서, 우리 곁에서 아름다운 연주를 들려주는 너의 모습에 많은 사람들이 감동하고 공감할 거야.

훈아! 엄마는 네가 귀한 연주자로 너를 사랑하는 사람들과 오래오래 함께할 수 있기를, 나의 힘이 되는 너의 삶이 늘 평안하기를 기도하고 또 기도한다.

훈아, 엄마와 아빠의 아들로 태어나줘서 고마워!

사랑한다.

사랑하는 나의 어머니

해피엔딩일 거야

일단 퇴원을 한 뒤 통원 치료를 하라는 병원의 권고를 받으니 두려움이 밀려왔다. 오랫동안 기다렸던 일상으로의 복귀였지만 당장 병원 밖으로 나서는 건 생존이 걸린 문제였기 때문이다. 걱정거리는 또 있었다. 전에 살던 집으로는 어머니와 함께 갈 수 없었다. 그 집은 계단이 많은 데다 방이 비좁았고, 우리가 다시 간다는 건 연로하신 할머니께도 부담을 드리는 일이었다.

이런 이유로 후배들이 다른 거처를 수소문하고 있을 때 나를 아들처럼 생각해주던 제임스 토코 교수님이 흔쾌히 자신의 아파트로 오라고 제안하셨다. 노인을 위한 아파트에서 혼자 살고 있던 선생님은 한국으로 돌아가기 전까지 함께 지내자며, 심지어 넓은 방을 우리에게 내주겠다고까지 하셨다. 너무 감사했지만 그 제안을 얼른 받아들이기는 어려웠다.

당시 나는 휠체어에서 혼자 일어설 수조차 없는 상태였고, 치료가 얼마나 걸릴지 모르는 만큼 교수님 댁에서 얼마 동안 신세를 져야 할지도 가늠이 되지 않는 상황이었다. 그런데도 교수님은 전혀 문제 되지 않는다며 미안해하는 어머니의 마음까지 세심하게 살펴주셨다. 혼자 사느라 특별한 조리 도구를 갖춰놓지 않았던 교수님은 한국 음식을 조리하려면 냄비가 여러 개

필요하다는 주변의 조언을 듣고는 냄비 세트까지 사놓으셨다. 교수님은 어머니가 만든 음식 하나하나에 함박웃음을 지으며 "원더풀"이란 반응을 보일 만큼 유쾌하고 따뜻한 분이었다.

이렇게 나는 고마운 사람들의 따뜻한 보살핌을 받으며 날마다 조금씩 건강을 회복해갔다. 하지만 한편으로는 조급한 마음도 들었다. 녹초가 되도록 재활을 하는데도 몸의 변화는 더뎠고, 말도 크게 나아지지 않았다. 특히 모국어 수준으로 구사하던 영어는 머리에서 거의 사라졌고, 언어 치료를 받을 때면 영어 발음의 차이를 구별하지 못해 번번이 좌절해야 했다. 입술 끝에서만 맴돌 뿐 시원하게 나오지 않는 몇 개의 단어로 의사를 전달해야 하는 상황이 못 견디게 화가 났다. 결국 나는 계획을 바꿔 언어 치료를 중단하고, 한국에서 공수해온 그림책을 천천히 큰 소리로 읽어 내려가는 훈련을 하기로 했다. 몸 상태가 좀 나아지면 어차피 한국으로 돌아가야 했고, 그러려면 한국어를 익히는 게 나을 것 같았다.

계획을 변경하고 나니 편안함이 찾아왔다. 빨리 회복해서 이전처럼 걷고 말해야 한다는 조급함을 내려놓으니, 어제보다 몇 걸음 더 걷고 어제보다 조금 더 높게 팔을 드는 일이 하루의 유일하고도 유의미한 목표가 되었다. 손에 좀 더 힘을 주어보고,

더 많은 책을 소리 내어 읽으려고 노력하는 나 자신이 마냥 기특했다. 그리고 그렇게 하루치 목표를 달성하고 나면 스스로와의 약속을 지켰다는 뿌듯함이 가슴 한가득 차올랐다.

어느 날, 어머니가 그동안 우리를 물심양면으로 돌봐준 친구들과 토코 교수님에게 한식을 대접하고 싶다고 하셨다. 그때는 미국에서 한식 재료를 구하는 게 쉽지 않았는데 그런 상황에서도 어머니는 마법을 보여주셨다. 어머니는 특히 교수님이 좋아하시는 불고기와 무생채, 달걀말이, 오이무침 등을 정성껏 준비하셨고, 우리는 어머니가 차려준 음식을 맛있게 먹으며 모처럼 여유로운 시간을 즐겼다.

석 달여라는 길지 않은 시간 동안 나는 마치 쏟아지는 장대비 속을 걸어온 것 같았다. 내게는 온몸으로 비를 맞는 것 외에 다른 방법이 없었다. 비를 피할 곳에 도착하려면 걷고 또 걸어야만 했다. 그 길에서 예상하지도, 상상하지도 못했던 여러 가지 일을 맞닥뜨려야 했는데, 그때마다 고마운 '나의 사람들'은 함께 묵묵히 걸어주었다.

그 과정에서 그들의 일상에 수많은 불편함이 끼어들었을 것이다. 해야 할 일이나 하고 싶은 일을 못하게 된 적도 있었을 것이다. 어쩌면 친구와의 약속을 미루어야 했을 것이고, 어쩌면 가족과 함께할 시간을 내게 나누어주어야 했을 것이다. 유학 생활이라는 녹록지 않은 매일을 살면서 꼭 필요했을 쉼의 시간도 기꺼이 내게 덜어주어야 했을 것이다. 그들의 마음과 수고를 생각할 때마다 뜨겁고 묵직한 것이 가슴에 차오른다.

함께 모여 식사를 하거나 차를 마시는 느긋한 일상을 감히 꿈조차 꿀 수 없었던 시간을 힘겹게 지나온 우리는, 그제야 비로소 놀라고 당황했던 기억을 숨김없이 꺼내놓을 수 있었다.

그날의 마무리는 '해피엔딩'이었다. 이들과 함께 있으면 나도 모르게 긍정의 에너지가 솟구쳐 올랐다. 그래, 모든 일이 잘될 거야. 이렇게 좋은 사람들 덕분에 나는 죽지 않고 살아날 수 있었어. 그러니 앞으로 어떻게 살든, 무엇을 하며 살든 잘 살 수 있을 거야. 나는 주문을 외듯 스스로에게 약속했다.

제임스 호크 교수님과 전영혜 교수님

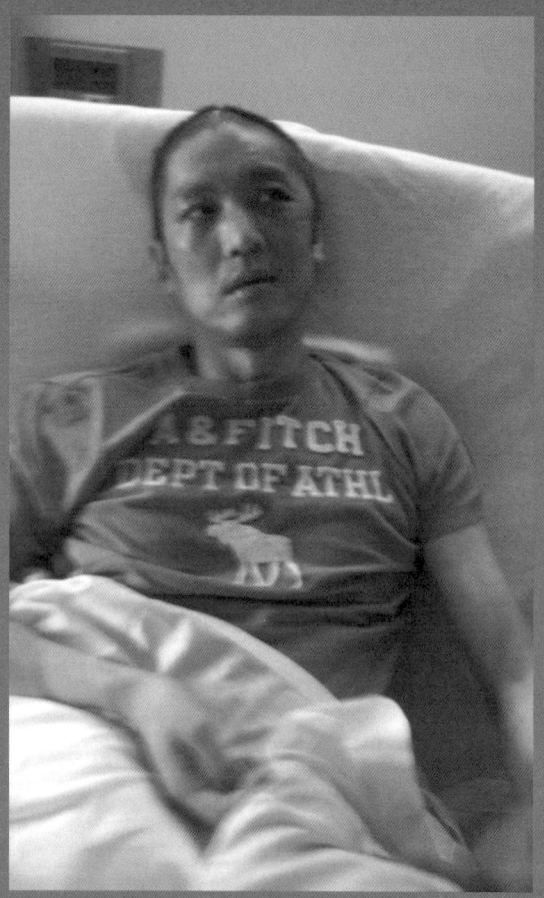

혼수상태에서 깨어난 지 얼마 되지 않았을 때

나를 구해주신 주인집 할머니

왼손 피아니스트가 된 후 연주회장에서
다시 만난 신시내티 음악대학 동창들

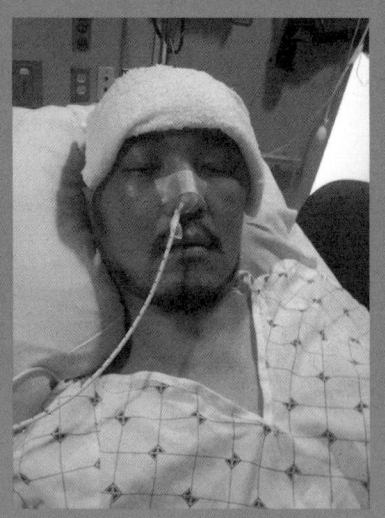

힘겨웠던 재활의 시간

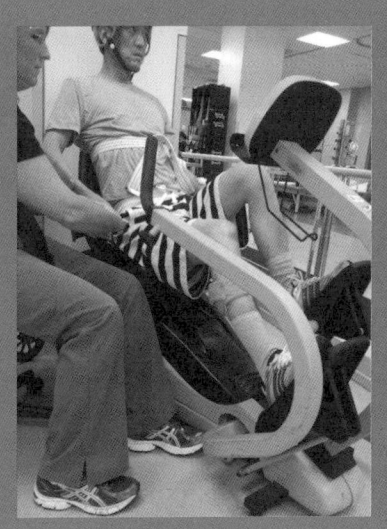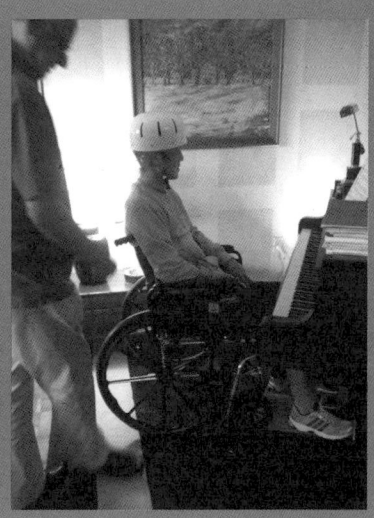

사랑하는 나의 부모님

가톨릭대학교 서울성모병원 로비 연주회

나의 갈 길 다 가도록

그날 동지들의 위로와 응원이 더욱 열광적이었던 것은 낮에 있었던 한 특별한 사건 때문이었다. 이날 낮, 나는 뇌졸중으로 쓰러진 지 석 달 만에 처음으로 다시 피아노 앞에 앉았다.

어머니와 후배들이 장을 보러 마켓에 간 오후, 나는 교수님과 함께 재활 치료 과정에 대해 이야기를 나누고 있었다. 교수님은 나를 강하고 멋진 청년이라고 칭찬하셨다. 어려운 수술이 무사히 끝났고 마비된 몸도 조금씩 나아지고 있으니 지금처럼 좋은 에너지를 잃지 말라는 당부도 빼놓지 않으셨다. 그렇게 덕담을 건네시더니 갑작스럽게, 그러나 무척 자연스럽게 피아노 연주를 제안하셨다.

나는 적잖이 당황했지만 짐짓 속마음을 숨겼다. 왜 그랬는지는 지금도 잘 모르겠다. 아마도 연주자로서 나의 정체성을 지키고 싶었던 것이 아닐까. 물론 교수님은 내 상태가 어떤지 정확히 알고 계셨다. 그때 나는 무언가를 붙잡고서야 겨우 일어설 수 있는 수준이었다. 그나마 왼쪽 다리는 바닥에 끌릴지언정 의지대로 움직일 수 있었지만 오른발은 여전히 꿈쩍도 하지 않는 상태였다.

손도 사정은 비슷했다. 왼손은 겨우겨우 움직일 수 있었지만 오른손은 그저 남의 손처럼 늘어져 있을 뿐 전혀 힘을 줄 수 없었다. 나는 우선 일어서고, 앉고, 들고, 집는 가장 기본적인 움직임을 위한 훈련에 집중했다. 주로 곱은 손가락을 꼭꼭 눌러 주무르고, 물건을 집어 올리고, 블록을 끼워 넣는 것 같은 소동작 근육 운동이었다. 그런 작은 움직임이 가능하다는 것만으로도 감사해하던 차였는데 교수님이 뜻밖의 제안을 하신 것이다.

교수님이 추천하신 곡은 〈나의 갈 길 다 가도록〉이라는 찬송가였다. 나도 잘 아는 곡이었지만 악보가 생각이나 날지 두려움이 앞섰다. 머릿속이 복잡했다.

나는 교수님이 이끄시는 대로 피아노 앞에 앉았다. 그리고 조심스레 왼손을 피아노 건반 위에 올렸다. 예상대로 내 왼손은 얼어붙은 듯 미동조차 하지 않았고, 어떤 손가락도 제자리를 찾지 못했다.

내가 어쩔 줄 몰라 하며 당황하자 교수님이 노래를 흥얼거리셨다. 그러자 놀랍게도 건반 위에서 헤매던 왼손가락이 조금씩 움직이기 시작했다. 나는 멜로디를 들으며 '두려움 없이' 화음을 만들어 나갔다. 비록 아주 단조로운 화음이었지만 나의 왼손은 더디게나마 건반 위를 움직였다.

All the way my Saviour leads me

Cheers each winding path I tread

Give me grace for every trial,

Feeds me with the living bread

왼손의 더딘 움직임에 교수님이 실망하시지나 않을까 연주하는 내내 신경이 쓰였지만 교수님 표정은 즐거워 보였다. 왼손에 온 정신을 집중해서인지 손가락은 시간이 갈수록 경직되었지만 교수님은 조금도 염려하거나 동정하지 않으셨다. 그저 연주가 중단되지 않게 멜로디를 이어가실 뿐이었다.

한 손 연주이다 보니 당연히 풍성한 소리가 나기 어려웠는데 그 사이사이 빈 곳을 교수님이 잘 메워주셨다. 무슨 정신으로 연주를 마무리할 수 있었을까. 지금 생각하면 놀라울 따름이다. 왼손으로만 치는 데다 손가락마다 힘이 고르게 들어가지 않아 건반 하나 제대로 누르지 못하는 일이 수차례였다. 하지만 교수님은 오롯이 그 시간을 즐기시는 듯했다. 그렇게 우리의 연주는 띄엄띄엄, 박자를 놓치면서도 느릿느릿 이어져갔다.

나는 연주 후반에 이르러서야 비로소 곡의 내용을 떠올릴 수 있었다. 교수님은 왜 수많은 곡 가운데 내가 아프고 난 후 처음

치는 곡으로 이 곡을 선택하셨을까. '다시 피아노 앞에 앉을 수 있다고 스스로 믿는다면 반드시 이루어질 것'이라는 의미가 아니었을까. 그 순간, 그동안 나를 응원하고 보살펴준 사람들의 얼굴이 떠올랐고, 그들의 진심이 다시 한 번 온전하게 느껴졌다. 이날의 갑작스러웠던 연주는 '다시 할 수 있다' 혹은 '다시 해야 한다'라는 생각조차 허락하지 않은 채 더디게 이어져오던 내 어두운 현실의 봉합이었다.

나는 몇 달 만에 경험하는 피아노 소리와 왼손으로 전해져오는 건반의 감각에 전율을 느꼈다. 그것은 들뜨거나 뜨거운 감각이 아니었다. 오히려 고요의 바닷속으로 침강하는 듯한 차분하고 비장한 느낌이었달까. 일생일대의 중대한 결정을 내린 이후 찾아온 편안함이었고, 내려놓아서 오히려 가벼웠던, 그리하여 함부로 나를 뒤흔들지 못하는 고요였다.

아이러니하게도 그 감정 속에서 비로소 나는 피아노와 편안히 이별할 수 있을 것 같다는 생각이 들었다. 더는 연주가 어렵겠다는 두려움 때문은 아니었다. 신체 한쪽이 마비되는 상황에서도 '연주자'라는 정체성을 확인했기 때문은 더욱 아니었다. 그저 나의 형편과 상황을 순순히, 냉정하게, 정확하게 인지하고 수용해야겠다는 생각이 자연스럽게 찾아들었던 것 같다.

슬픈 감정도 아니었다. 다시 피아노를 연주할 수 없다고 해도 어머니와 가족의 도움 없이 홀로 서려면 현재의 몸 상태보다 좋아져야 했고, 그 하나만을 위해 온갖 노력을 집중해야 했다. 그렇게 생각하니 피아노를 미련 없이 보낼 수 있을 것 같았다. 꼭 이 길이 아니어도 살아갈 다른 길과 방법이 있겠다는 확신이 들자 마음이 차분하게 정돈되었다. 나는 자연스럽게 그 흐름을 좇기로 했다.

이날 현관문을 열고 들어서 피아노 앞에 앉아 있는 내 모습을 본 어머니와 친구들은 일순간 걸음과 숨을 멈췄다. 그리고 잠시 후 환호성을 질렀다.

그전까지 '피아노'는 내 앞에서 금기어였다. 누구도 내게 피아노와 연주에 대해 언급하지 않았었다. 그런데 피아노 앞에 앉아 있는 나를 본 것이다. 그들은 다시 소망을 품었고, 이전보다 더 열렬히 나를 응원하기 시작했다.

젓가락 행진곡 소리를 따라

피아노가 거대한 물결처럼 내게 다가온 건 초등학교 2학년 때의 일이다. 땀이 날 정도의 볕은 아니지만 화사하고 밝은 햇빛이 눈부셨던, 봄이 끝날 무렵의 어느 날이었던 것으로 기억한다.

그날도 나는 친구들과 어울려 학교 앞 문방구에서 딱지치기를 하고 있었다. 실내화와 체육복이 놓인 진열대 위로는 딱지 한 움큼이 담긴 비닐이 걸려 있었고, 색색의 동그란 딱지 안에는 각종 만화 캐릭터가 그려져 있었다. 8절지 크기 종이에 모양대로 꼭꼭 눌린 딱지를 톡톡 떼어서 쥐면 한 손에 꽉 들어차는 느낌이 얼마나 좋던지 마치 큰 부자가 된 기분이었다.

딱지는 새것일수록 중지에 끼워 넣고 검지를 튕겨 넘기기가 수월하다. 상대 딱지를 뒤집었을 때의 쾌감은 또 얼마나 짜릿한지. 그날도 나는 문방구의 컬러 딱지에 눈이 팔려 바람 부는 대로 동글동글 돌아가는 봉투를 넋 놓고 바라보고 있었다.

'마루치 아라치' 딱지를 눈여겨보며 언젠가는 꼭 사리라 마음먹고 있을 때 어디선가 '띵동띵동' 하는 소리가 들려왔다. 분명히 '똥똥똥, 띵동띵동'이었다. 나는 소리가 나는 쪽으로 몸을 돌렸다. 소리는 곧 음악으로 이어졌는데, 피아노를 칠 줄 몰라도 누구나 한번쯤은 들어봤을 〈젓가락 행진곡〉이 바람을 타고

실려왔다. 그 느낌은 마치 젓가락들이 춤을 추며 문방구 쪽으로 달려오는 것 같았다. 소리가 난 곳은 문방구 건너편에 있는 피아노 교습소. 교습소 이름은 생각나지 않지만, 어린 내게 그날의 피아노 소리는 대단히 놀라운 '세계'로 다가왔다. 하나하나의 소리가 합쳐지고 갈라지는 것이 마치 시내가 모여 강을 이루고 결국에는 바다로 다다르면서 강렬한 에너지를 만들어내는 것 같았다. 두둥실 뭉게구름이 달려들어 구름 기둥을 만들었다가 다시 흩어지는 듯한 생동감도 느껴졌다.

나는 소리에 이끌려 교습소로 들어갔다. 몇몇 아이들이 칸칸이 나누어진 방에서 연습을 하고 있었고, 정중앙에 놓인 피아노 앞에서는 키 큰 누나가 신나게 〈젓가락 행진곡〉을 연주하고 있었다. 건반을 정확하게 누르는 손 모양이 무척 예쁘기도 했고 소풍 나온 아이의 발걸음처럼 가벼워 보이기도 했다.

무엇보다 신기했던 건 소리가 눈에 보이듯 생생하게 그려진다는 사실이었다. 정말 피아노 소리가 영화의 한 장면처럼 눈앞에 펼쳐졌다. 구름과 물줄기에 이어 몽당연필들이 나란히 어깨동무를 하고 골목길을 둘러 걸어가는 모습 같기도 하고, 은행나무 열매가 개구쟁이처럼 아스팔트 위로 뛰어내리는 모습 같기도 했다. 나는 당장이라도 선생님을 붙잡고 피아노를 가르쳐

달라고 조르고 싶었다. 88개의 건반이 내는 각기 다른 소리를 모두 하나씩 콕콕 눌러 듣고 싶었고, 그 음을 엮어 다른 소리도 만들어 보고 싶었다.

나의 피아노 사랑이 첫걸음부터 수월한 것은 아니었다. 어머니는 그날의 내 신비로운 경험에 크게 공감해주지 않으셨다. 그동안 내가 워낙 많은 것에 호기심을 가져왔기에 그날의 경험 역시 수많은 '호기심거리' 중 하나로 생각하신 것이다.

어머니는 피아노학원에 보내달라고 조르는 내게 한 가지 제안을 하셨다. 피아노에 대한 나의 관심이 1년 동안 식지 않는다면 그때 보내주겠다는 것이었다. 내 열정을 몰라주는 것 같아 억울한 마음이 들기도 했지만 더 졸라도 들어주지 않으실 것을 알았기에 따를 수밖에 없었다.

이후 나는 매일 학교가 끝나면 피아노 교습소 앞을 서성였다. 언제쯤이면 나도 피아노 앞에 앉아 멋진 연주를 할 수 있을까. 열 개의 손가락이 만들어내는 아름다운 멜로디에 심장은 두근거렸고, 음표들은 머릿속을 온통 헤집어놓으며 돌아다녔다. 나는 하루빨리 피아노를 칠 수 있게 되기를 고대했다.

아, 나는 피아노와 사랑에 빠진 것이었다.

파란색 피아노 가방

시간이 흘러도 피아노에 대한 관심이 사그라들지 않자 어머니는 내게 피아노가 여느 때처럼 그냥 스쳐 지나가는 호기심이 아니라는 걸 인정하셨다. 그리고 피아노를 처음 만난 아홉 살 어느 늦은 봄으로부터 꼭 1년 뒤, 나는 드디어 어머니 손을 잡고 피아노 학원에 갔다.

어머니와 함께 학원에 등록을 하고 짙은 파란색 가방을 건네받았을 때의 설렘이 지금도 생생하다. 앞면의 자그마한 비닐 커버 안에 이름표가 들어 있는, 책가방보다 조금 컸던 직사각형 피아노 가방. 처음 받은 책은 《바이엘》 상이었다. 첫 페이지는 왼손과 오른손에 번호를 붙이고, 흰 건반과 검은색 건반을 누르는 손가락이 어떤 손가락인지 알려주고 반복 연습하는 내용이었다. 그 책이 얼마나 재미있었는지 나는 손톱에 스티커를 붙이고, 문방구에서 산 피아노 건반 모형 종이 위를 손가락으로 뛰어다녔다.

처음 양손으로 동요 〈종이비행기〉를 치던 순간의 짜릿함도 또렷이 기억난다. 똑같은 모양의 흰 건반과 검은 건반이 제각각 다른 소리를 가지고 있다는 것도, 몇 개의 건반이 어우러져 근사한 음악을 만들어낸다는 것도 신기하기만 했다.

피아노학원에 등록한 이후 나는 주 6일을 빠짐없이 출석했다. 지금도 선생님이 피아노 교재에 그려놓았던 세로선이 눈에 선하다. 선생님은 열 개의 세로선에 옆으로 줄을 그어가며 연습한 횟수를 표시하라고 하셨는데, 겨우겨우 열 번을 채우는 친구가 있는가 하면 불평 없이 성실하게 숙제를 해오는 친구도 있었다. 나는 말할 것도 없이 후자였다.

아이들이 대부분 오른손잡이다 보니 평소 잘 쓰지 않는 왼손가락으로 화음을 만들 때면 멜로디를 맡은 오른손과 맞지 않는 일이 자주 있었다. 왼손이 오른손을 따라가지 못해 음이 뚝뚝 끊기는 현상이 드물지 않게 발생했다.

나는 잘은 못했지만 양손을 서로 맞춰가는 일이 정말 재미있었다. 나는 왼손과 오른손, 두 손을 '친구'라고 표현하면서, 왼손이 잠깐 쉬고 그다음에는 오른손이 잠깐 쉬고, 둘이 사이좋게 놀다가 왼손이 '따따따따' 따지고 오른손도 '따라라 따라라' 하며 지지 않고 반격한다는 느낌으로 피아노를 쳤다. 그랬더니 양손이 제법 잘 어우러지고 음이 끊기는 일도 눈에 띄게 줄었다.

그러다 보니 연주법을 익히는 속도가 빨라졌고, 칠 수 있는 곡의 수도 제법 늘어났다. 단 두 가지 색으로만 구성된 88개의 건반이 내는 소리가 신기해서 피아노를 시작했는데, 그 소리를 조화롭게 구성해 아름다운 곡을 연주하게 되었으니 얼마나 놀랍고 신나는 경험인가.

피아노의 매력에 빠져 지내는 매일매일이 행복했다. 하나하나의 음이 모이고 흩어지고 연결되고 끊어지고 다시 맺어지는 과정은 경험하면 할수록 신비로웠다. 각각의 소리가 느리거나 빠르게 제 역할을 하며 음악을 만들어낼 때면 소풍날 보물찾기를 하는 것처럼 설레고 즐거웠다. 나는 피아노 건반이 만들어내는 이 세상 모든 음악을 모조리 알고 싶었다. 마음이 급하니 하루가 지나가는 것이 너무 아까웠고, 학교 공부가 끝나야만 피아노를 칠 수 있는 현실이 괴로웠다. 학교도 안 가고 종일 피아노만 친다면 더 바랄 게 없을 것 같았다.

이전과 달리 내가 4학년이 거의 끝날 무렵까지도 하루 중 대부분의 시간을 피아노 연습에 투자하자 어머니의 고민은 커져만 갔다.

하루는 어머니가 피아노를 전공할 것인지, 아니면 취미로 할 것인지 물으셨다. 나는 고민하지 않고 피아니스트가 되고 싶다고 대답했다. 아니, 세계에서 제일 유명한 피아니스트가 되고 싶다고 했다. 내게 연주자의 재능이 있다고 하신 선생님의 말씀에 용기를 얻기도 했지만, 피아노를 향한 나의 사랑은 그만큼

절실하고 뜨거웠다.

내 꿈은 백건우 선생님처럼 세계인의 사랑을 받는 피아니스트가 되어 우리나라를 널리 알리는 것이었다. 그때만 해도 우리나라는 세계 클래식계에서 존재감이 크지 않았다. 이름난 연주자는 대부분 미국과 유럽 출신이었고, 간혹 중국과 일본의 뛰어난 연주자가 뉴스에 보도되는 정도였다.

그러나 당시 정명훈, 정경화, 정명화 남매의 국제 음악 콩쿠르 입상 소식과 더불어 그들의 뛰어난 음악성과 연주 실력, 연주 여행 등이 화제가 되면서 우리나라의 문화적 자부심은 급부상하고 있었다. 따라서 클래식에 대한 관심도 그 어느 때보다 높아지고 있었다.

그런 분위기 속에서 나는 당시 대표적인 어린이·청소년 음악 콩쿠르 중 하나였던 소년한국일보 음악 콩쿠르에 참가하는 것으로 음악학도로서의 첫발을 떼었다.

아쉽게도 입상은 못했지만 그 콩쿠르를 통해 나의 위치를 파악할 수 있었고, 전문적인 피아노 연주자의 길을 가려면 실력 있는 선생님에게 깊이 있게 배워야 한다는 걸 깨달았다. 늦었지만 비로소 피아니스트가 되기 위한 본격적인 준비에 돌입한 것이다.

《논어》에 이런 말이 있다. "아는 것은 좋아하는 것만 못하고, 좋아하는 것은 즐기는 것만 못하다." 어떤 어려움이 있어도 그걸 즐기는 사람이 배움의 최고봉에 있다는 뜻일 텐데 내가 그랬다.

당시 내게 레슨을 해주던 선생님 댁은 강남이었는데 우리 집은 아현동이라 버스를 세 번이나 갈아타고 두 시간 넘게 가야 했다. 그러니까 선생님 댁에 가려면 그야말로 하루를 꼬박 투자해야 했다. 5학년, 고작 열두 살이었지만 나는 혼자 버스를 타고, 내려서도 한참을 걸어 선생님 댁으로 갔다. 그러고는 한 시간 남짓 지도를 받은 뒤 다시 두 시간 이상 걸려 집에 왔다. 지금 생각하면 어린 나이인데도 참 씩씩했다.

선생님은 이런 나의 열정과 연습량을 아낌없이 칭찬해주셨고, 선생님의 격려 덕분에 나는 다음 단계로 도약해야 하는 어려운 과업을 큰 어려움 없이 수행해낼 수 있었다.

하늘이 보내준 인연

예술적 재능이 있는 학생이라면 많은 경우 예술교육이 전문적으로 이뤄지는 학교에 진학하기를 바란다. 나도 그랬다. 특히 예원학교에 입학하고 싶었다.

그렇지만 선생님은 내게 예원학교 입학을 추천하지 않으셨다. 너무 늦게 피아노를 시작했다는 이유에서였다. 예원학교 입학을 목표로 하는 학생들은 보통 예닐곱 살 때부터 준비하는데 나는 초등학교 5학년 때 본격적으로 피아노를 시작했으니 선생님 말씀에 수긍할 수밖에 없었다. 나는 선생님의 권유에 따라 선화예중을 지원했고 다행히 합격했다.

하지만 내 기분은 그다지 좋지 않았다. 예원학교 시험을 칠 기회조차 허락하지 않은 선생님에게 서운한 마음이 들었고, 그토록 피아노를 사랑하면서도 선생님 말씀 한마디에 지원을 포기한 나 자신에게 화가 났다. 스스로 포기를 선택했다는 사실이 부끄러웠다. 하지만 그때의 아쉬움은 이후 무슨 일이든 원한다면 후회하지 말고 해 보자는 쪽으로 생각을 재조정하는 데 크게 도움이 되었다.

다행히 내가 입학하기 전 겨울방학에 음악 실기실을 대대적으로 보강하여, 당시 선화예중은 말 그대로 최고 수준의 시설과 악기를 보유하고 있었다. 연습용 스타인웨이 피아노가 50대나 들어왔고, 방음 시설도 잘 구비되어 학생들은 최적의 환경에서 품질 좋은 피아노로 마음껏 연습할 수 있었다.

그리고 정말 감사하게도 나는 선화예중에서 하늘이 내려준 소중한 인연을 만났다. 내가 세계적인 피아니스트의 꿈을 키워가도록 가르침을 주시고, 사고 이후에는 왼손 피아니스트로 거듭나도록 용기를 북돋워주신 전영혜 선생님. 내 두 번째 인생의 길잡이가 되어주신 선생님을 이곳에서 만난 것이다.

당시 나의 피아노 실력은 정체기에 놓여 있었다. 아무리 연습해도 연주 수준이 늘 제자리에 머물러 있는 듯해 답답해하던 그때, 우리나라 최초로 음악박사 학위를 받고 경희대학교 음악대학에서 강의를 하던 선생님이 선화예중에 출강하셨다.

선생님을 처음 만났을 때의 느낌은 '엄마 같다'였다. 외모도 옆집 아주머니같이 푸근하셨지만, 무엇보다 훌륭한 건 그분의 교육관이었다. 일례로 선생님은 레슨할 때 결코 야단을 치는 법이 없었다. 연습하다 실수를 해도 절대 화를 내지 않으셨고, 그렇게 연주하면 왜 안 되는지, 더 좋은 연주법이란 어떤 것인지 부드럽게 설명해주셨다. 선생님의 가르침대로 연습하고 나면 내 실력은 거짓말처럼 향상되어 있었다. 그러면서 정체기에 빠져 있던 연주도 날개를 단 듯 날아 올랐다.

중고등학교 시절, 나는 참 성실한 학생이었다. 집과 학교만 오갔고, 일주일에 한두 번 전영혜 선생님께 지도받기 위해 이동할 때 외에는 대부분의 시간을 공부와 피아노 연습에 몰두했다. 그래서인지 나는 뜻하지 않게 학교에서 제법 유명한 학생이 되어 있었다. 선생님들의 칭찬과 격려가 이어지고 나에 대한 기대감이 높아지자 오히려 적당히 긴장하게 되었고, 그것을 동력으로 개인적인 성장을 일궈낼 수 있었다. 감사하고 기분 좋은 일이었다.

당시 피아노에 대한 내 사랑은 하늘 끝까지 올라가 있었고, 나는 틈틈이 좀 더 넓은 세상으로 나갈 기회를 찾고 있었다. 그리고 머지않아 그 기회가 찾아왔다. 독일문화원이 주최하는, 전국 고등학교 2학년을 대상으로 한 독일어 시험에서 운 좋게 우수한 성적을 받아 여름방학 3주간 독일 어학연수를 가게 된 것이다. 해마다 네 명씩 뽑다가 1988년에만 서울올림픽을 기념해서 열 명을 뽑았는데 그 안에 들어간 것이다. 짧다면 짧고 길다면 긴 3주. 독일에서 보낸 그 시간 동안 내 인생은 또 한 번의 변곡점을 맞았다.

나를 기대하는 기쁨으로 살다가

음악을 전공하려는 학생, 연주자나 교육자가 되고 싶어 하는 학생들은 대부분 더 넓은 세상으로 나가 공부하기를 꿈꾼다. 나 또한 늘 더 새롭고 넓은 음악의 바다를 항해하고 싶었고, 그 최종 목적지는 미국이었다.

고등학교 2학년 때 방문한 독일은 그야말로 신세계였다. 나는 한국에 있을 때부터 바흐, 바그너, 베토벤 등 독일을 대표하는 음악가들의 생가와 박물관을 직접 볼 수 있다는 설렘으로 들떠 있었다. 비단 그들뿐이겠는가. 오스트리아와 더불어 고전 음악의 발상지인 독일은 모차르트를 비롯한 유수의 작곡가와 연주자들이 활동하던 곳이고, 그렇기 때문에 관련 명소가 많았다. 그곳을 직접 갈 수 있다니 가슴이 뛰었다.

클래식 음악의 본고장답게 독일은 거리 어디에서나 바흐의 음악, 헨델의 찬송곡, 베토벤의 교향곡이 흘러나왔다. 대가들의 곡이 품은 웅장함과 서정성에 이내 압도당하면서, 내가 피아노를 하고 있다는 사실이 새삼 행복하게 느껴졌다. 나뿐 아니라 음악을 하는 사람이라면 누구나 독일이라는 나라 곳곳에 스며 있는 예술적인 분위기를 느끼고 음악가들의 흔적을 좇으며 같은 행복을 경험할 것이다.

3주간의 독일 어학연수는 나를 본격적인 유학의 길로 이끌었다. 내가 선택한 학교는 함부르크 국립음악대학교. 당시 나는 작곡가 요하네스 브람스에 깊이 빠져 있었다. 그래서 그의 고향인 함부르크에서 음악적 열정을 불태우고 싶었다.

어느 평론가가 표현했듯 브람스는 '고독과 우수의 음악가'다. 일찍이 슈만 부부가 '신이 보낸 사람'이라며 경탄했고, 혹자는 베토벤의 후계자라고 찬사를 보내기도 했던 브람스. 그의 음악 세계는 전반적으로 고독하고 쓸쓸한데, 이런 배경에는 그가 태어나고 자란 독일 함부르크가 있었다.

함부르크에서 태어나 거의 30년간 북독일 자연의 기운을 받으며 살아서인지, 그의 음악 곳곳에는 자욱한 안개가 낀 나무 사이를 헤치고 다니는 듯한 우울한 정서가 녹아 있다. 함부르크를 향한 그의 사랑은 그가 인생 후반을 보낸 비엔나에서 지은 작품에도 절절히 묻어난다.

1889년 함부르크 명예시민으로 선정되었을 때는 당시 시장에게 "예술가로서 이러한 과분한 인정의 칭호를 받게 되어 행복하고, 인간으로서 고향에서 주목받고 사랑받는 것을 알게 되어 또한 행복합니다. 그 고향이 아름답고 전통 있는 함부르크라서 두 배로 자랑스럽습니다."라고 편지를 쓸 정도였다.

이처럼 함부르크는 브람스의 향취로 가득한 도시였고, 그런 만큼 나의 학교생활은 행복 그 자체였다.

나는 독일에서 시민의 삶 깊숙이 스며들어 있는 예술에 대한 사랑과 열정, 자연스레 뿌리 내린 문화 생태계에 깊은 감명을 받았다. 대학에 진학한 후에는 진지한 태도로 피아노를 대하는 학생들을 보면서 단순한 호기심과 즐거움으로만 피아노를 쳤던 지난날의 나를 반성하기도 했다. 그러면서 음악을 '한다'면 진지한 곡 이해와 해석이 동반되어야겠구나, 라는 무거운 고민을 하게 되었다.

나는 얼마간의 시간에 침잠했다. 열아홉 인생 처음으로 이런 고민과 동거하면서 그동안 피아노를 '즐긴다'고만 생각하고 내 맘대로 표현한 것이 무척이나 교만하고 건방진 태도였다는 걸 깨달았다. 그리고 그때부터 작곡가의 '눈'과 '마음'을 이해하려고 노력하기 시작했다.

그 후 10년은 음악적인 시야를 넓히기 위해 애쓴 시간이었다. 나는 레슨과 연습의 무한 반복이라는 일상의 루틴에서 한 걸음 더 나아가, 음악을 마음 깊이 이해할 수 있는 연주자가 되어야겠다고 결심했다. 그리고 음악가로서의 식견을 넓히기 위해 다양한 연주회와 마스터클래스에도 적극 참여했다.

함부르크 국립음대와 뤼벡 국립음대에서 학사와 석사 과정을, 네덜란드 위트레흐트 음악대학에서 최고 연주자 과정을 마친 뒤에는 연주 활동도 하고 피아노를 전공하려는 학생들을 가르치기도 하면서 안정적인 하루하루를 보냈다. 공기처럼, 라인 강의 물결처럼 자연스럽고 편안한 일상이었다.

하지만 연주자로서 곡을 해석해내는 나름의 철학과 감성이 극히 제한적이라는 고민은 내내 나를 떠나지 않았다. 연주뿐 아니라 연주 실력을 뒷받침해주는 이론과 음악사 등을 좀 더 연구한다면 곡에 대한 이해와 분석이 더욱 깊어질 것 같았고, 연주 세계의 확장에도 도움이 될 것 같았다.

공부를 좀 더 해야겠다는 생각은 시간이 지날수록 커져만 갔다. 그 생각에 본격적으로 불을 붙여준 분 역시 전영혜 선생님이었다. 나는 방대한 이론을 바탕으로 활발한 연주 활동을 펼치면서 후학 양성에도 힘쓰던 전영혜 선생님의 삶을 그대로 따라가고 싶었다.

나는 이 꿈을 구체화하고, 지금까지 걸어온 길에 한 걸음을 더해 보기로 했다. 이를 위해 미국 신시내티대학교 음악대학 박사 과정에 진학해 음악 이론과 음악사 및 연주 이론 과정을 모두 이수하고 마침내 학위 논문 작성에 돌입했다. 2008년도의 일이었다.

훈의 미래가 찬란히 빛나길

작곡가 · 성결대학교 객원교수 **이남림**

이훈을 처음 만난 것은 1990년 9월 초, 독일 함부르크 음대의 지하 연습실 대기 공간에서였다. 우리는 입학 동기였는데 그해 한국인 신입생은 작곡 전공도인 나, 피아노 전공도인 이훈, 성악 전공도 하나, 이렇게 세 사람이었다. 나는 남편과 함께 함부르크에서 유학 중이었고, 훈은 나와 띠동갑, 12살 아래로 서울에서 갓 예고를 마치고 유학 생활을 시작한 어린 학생이었다. 그는 키가 크고 약간 마른 앳된 얼굴의 미소년이었고, 유학 생활에 꽤 잘 적응하고 있는 듯 보였다. 우리는 서로 인사를 나누었고, 그 후에는 거의 대기실에서 내가 연습실을 쓰길 기다리는 동안 짧은 만남을 가질 뿐이었다. 지도 교수에 대한 이야기, 독일과 한국 교육의 차이, 지금 치고 있는 곡에 대한 고민 등이 대화의 주제였다.

한국에서 대학과 대학원을 마치고 가정을 이룬 후에 공부하러 온 나에 비해, 그는 때 묻지 않은 하얀 도화지에 여러 가지 색깔을 채우고 지우기를 반복하며 예술적 깊이를 더해가는 자유로운 영혼 같았다.

한국에서 음반으로만 들었던 크리스티안 짐머만의 쇼팽 연주회를 직접 다녀온 뒤 감동한 얘기를 들려주던 모습, 베토벤 〈피아노 소나타 15번〉 1악장 첫 부분의 긴 패시지를 어떻게 쳐야 할지 도통 모르겠다며 고민하던 모습, 특유의 붙임성으로 피아노를 전공하는 한국 유학생은 물론 독일 학생들과도 음악적 이야기나 고민을 스스럼없이 나누던 모습…. 훈은 항상 자상하고 친절했으며 다정했다.

그 후 나는 대략 10년에 걸친 유학 생활을 마치고 귀국했고, 훈은 뤼벡 음대와 다른 유럽의 도시에서 음악 공부를 더 하겠다며 남았다.

어느 여름날, 오랜만에 서울에서 훈을 다시 만났다. 미국 신시내티대학교에서 박사 과정을 밟고 있으며, 여름방학을 맞아 잠깐 서울에 왔다고 했다. 그는 미국에서 어느 때보다 즐겁게 공부하고 있다며 유럽 공부와 미국 공부의 차이점을 잔뜩 흥이 나서 들려주었다. 정말이지 그는 늘 음악에 진심인 친구였다.

2011년 여름방학을 맞아 다시 서울에 온 훈은 이제 박사 논문을 써야 한다며 논문 제목에 대한 고민을 털어놓기도 했다. 그때 그는 한국 작곡가의 피아노 창작 음악의 특성 등을 주제로 생각하고 있으며, 그중 윤이상의 피아노 음악에 대한 논문을 준비 중이라고 했다.

이듬해 나는 같이 유학 생활을 했던 후배에게서 훈이 뇌졸중으로 쓰러져 힘든 투병 생활을 하고 있다는 청천벽력 같은 소식을 듣게 되었다.

다시 훈을 만났을 때 그는 언어장애 때문에 하고 싶은 말이 입 밖으로 나오지 않는다며 답답해하고 있었다. 오른쪽 다리와 손이 마비돼 걷는 것도 남에게 의지해야 하는 상태였다. 하지만 그는 소중한 삶을 다시 누리게 된 것에 감사하고 있었다. 그리고 신체의 왼쪽 부위, 특히 왼손이 정상이기에 피아노를 계속할 수 있다는 희망적인 소식도 들려주었다.

2016년 여름, 훈이 재활 치료를 받고 있는 서울성모병원 로비에서 작은 음악회를 연다는 소식을 들었다. 나는 이날 그가 왼손만으로 연주하는 〈주기도문〉을 들으며 피아니스트로서 제2의 삶을 시작할 수 있겠구나, 라는 강한 확신이 들었다. 동시에 무한한 감사함이 몰려왔다. 그가 연주한 〈주기도문〉은 단순한 연주를 넘어 그가 믿는 하나님에 대한 찬양이요 신앙고백이었다.

이 감동의 전조는 2014년 전영혜 선생님과 제자들이 함께한 음악회(전영혜와 친구들: 사랑과 감사)에서 시작되었다고 할 수 있을 것 같다. 이날 무대에서 이훈은 모차르트의 〈판타지아 D단조〉를 연주했다. 장애를 극복 중인 제자와 스승이 함께 만들어낸 슬프도록 아름다운 선율에 모든 관객은 숨을 죽였다. 훈의 어머님은 연신 감동의 눈물을 흘렸다.

그렇게 왼손 피아니스트 이훈은 부활했다. 역경을 딛고 이겨낸 뒤 이훈은 본격적으로 왼손 피아니스트의 삶을 걷기 시작해 2017년에는 미국에서, 2020년 11월 4일에는 롯데콘서트홀에서 리사이틀을 가졌다. 그의 연주는 나날이 발전했고, 레퍼토리의 폭도 넓어졌다.

2021년 초, 나는 공연기획사 공간소리의 황혜정 대표로부터 피아니스트 이훈의 리사이틀에서 연주할 곡을 작곡해달라는 요청을 받았다. 아끼고 사랑하는 동생 훈을 위하여 왼손곡을 써야겠다는 마음이 평소 있었던 터라 나는 그 제안을 흔쾌히 받아들였다.

내가 훈에게 헌정한 곡은 〈봄의 정경 Spring Scene〉이었다. 이 곡에서 나는 한겨울의 어둠과 혹한의 침묵을 깨고 꿈틀거리며 새롭게 소생하는 생명의 기운을 표현했다. 훈이 혹한의 시간을 지나 다시 봄의 선율을 노래하는 것처럼….

이 곡은 2021년 6월 24일 광화문 '공간소리' 홀에서 슐호프와 스크랴빈의 곡과 함께 울려 퍼졌다. 관객은 왼손으로만 연주하는 훈의 음악에 숙연히 몰입했고, 그날 음악회에 온 나의 친구들은 생애 최고의 음악회였다고 극찬했다. 이후 왼손 피아니스트 이훈은 여러 음악회에 활발히 참여하고 있다.

뇌졸중을 극복한 기적의 피아니스트 이훈. 그는 음악에 대한 열정과 꿈을 잃지 않으며 10여 년을 달려왔다. 그리고 이제 희망 전도사가 되어 어려움을 겪고 있는 다른 누군가에게 음악으로 힘을 주고 있다.

우리의 젊었던 독일 유학 시절이 엊그제 같다. 그때나 지금이나 훈은 내게 늘 순수한 동생, 음악으로 온 마음을 전하는 피아니스트이다. 그의 미래가 더욱 찬란한 빛으로 채워지길 기도한다.

독일 유학 주

훈아, 네가 한번 해 보는 건 어때

미국에서도 나는 전과 마찬가지로 열심히 공부했다. 스스로 높은 목표를 세우고 성취해가는 매 순간이 즐거웠다.

하지만 시간은 내 바람대로만 쌓여가지 않았다. 쌓이기는커녕 다시는 피아노를 칠 수 없을지도 모를 운명에 처하게 되었다니 기가 막힐 노릇이었다. 내 의지와 계획만으로 당차게 꾸려왔던 시간이 철저하게 삶을 배신했다는 생각이 들 때면 분노에 휩싸이기도 했다. 하나님은 왜 내게 이런 시련을 주신 걸까. 내 인생의 어떤 부분이 마음에 들지 않으셨던 걸까. 어떤 부분이 잘못된 걸까….

그러나 분노의 감정은 오래가지 않았다. 나는 예측할 수 없었던 순간에 맥없이 쓰러졌고, 다른 힘과 의지에 의해 발견되고 이송되었으며, 응급수술을 받았다. 그리고 후배들의 도움으로 어머니와 동생을 다시 만났다. 모든 일이 내 계획이 발현될 수 없는, 그리고 내가 통제할 수 없는 영역에 속해 있었다. 자신감과 긍정적 사고가 나를 빛나게 할 것이라는 믿음은 교만의 또 다른 얼굴일 뿐이었다.

어머니의 극진한 보살핌과 교수님의 배려 덕분에 몇 걸음일

망정 발은 뗄 수 있었지만 언어 치료의 벽은 너무나 높았다. 효과가 지지부진한 언어 치료 대신 한국어로 된 동화책을 소리 내어 읽으면서 서너 달을 보낼 무렵, 한국에서 신체 치료와 언어 치료와 침 치료를 병행해 보면 좋겠다는 생각이 들었다.

그러자니 몇 가지 걸리는 게 있었다. 제일 큰 문제는 몸이 오랜 시간 비행을 견딜 수 있을지 여부였다. 뇌내 압력을 조절하느라 머리뼈의 일부를 잘라낸 후 내 머리 왼쪽 부분은 뼈가 없이 드러나 있었고, 말캉한 뇌는 보호대로 둘러싸여 있었다. 비행기를 타려면 먼저 병원 냉동실에 보관되어 있는 머리뼈를 잇는 수술을 해야 했고, 수술 후 비행기를 타도 괜찮다는 병원의 허가도 떨어져야 했다. 나는 하루빨리 현실로 돌아오고픈 마음에 그 모든 절차를 기꺼이 감내해냈다.

그리고 그 해 겨울, 나는 마침내 한국으로 돌아왔다. 당시 귀국길에 느낀 감정은 이전과는 확연히 달랐다. 다시 해외에서 공부나 연주 활동을 하기는 어렵겠지…. 쓸쓸함과 함께 또렷하게 설명하기 어려운 서운함이 차올랐다.

한국에서는 훨씬 더 다양하고 강도 높은 재활 치료가 나를 기다리고 있었다. 각종 운동 치료와 소근육 치료, 그리고 그동안 제대로 진행하지 못했던 언어 치료까지 피 말리는 훈련이 날마다 이어졌다. 나는 어려움 없이 일상을 살아갈 수 있도록 끊임없이 노력하고, 때로는 매몰찰 정도로 나 자신을 몰아세웠다. 미국에서 줄곧 곁을 지켜주신 어머니와 한국에서 마음을 졸이며 기다리신 아버지를 위해서라도 반드시 이전보다 더 씩씩해지고 건강해지고 유쾌해져야 했다.

미국에서 한 차례 교수님과 함께 피아노를 친 후 다시는 피아노를 쳐다보지 않았었다. 그때까지만 해도 피아노는 나에게 '슬픔'의 동의어였다.

이런 내가 다시 피아노 앞에 앉은 건 피아노 건반을 치는 것이 손가락과 손의 감각을 되살리는 데 도움이 된다는 의사 선생님의 조언 때문이었다. 처음에는 '도레도레'부터 시작해서 왼손으로 오른손을 붙잡고 손가락 하나하나에 힘을 주어 건반을 눌렀다. 도무지 힘이 주어지지 않는 오른손은 미끄러져 내려가기 일쑤였지만 나는 훈련을 멈추지 않았다. 말 그대로 그건 '연주'가 아니라 '훈련'일 따름이었다.

그러던 어느 날, 마법처럼 피아노가 다시 한 번 내 인생의 무대에 등장했다. 이번에도 그 자리에 전영혜 선생님이 계셨다.

선생님은 내가 바닥까지 떨어졌을 때도, 움직이지 않는 몸을 이끌고 고군분투할 때도 결코 안쓰러운 기색을 내비친 적이 없었다. 빨리 나아서 피아노 연주를 하자고 조급하게 권유하신 적도 없었다. 그날도 선생님과 함께 맛있는 식사를 하며 일상 이야기를 나누고 있는데 갑자기 귀를 의심하게 하는 말씀이 들려왔다.

"훈아, 왼손으로만 피아노를 쳐 보는 건 어떻겠니?"

질문의 의도를 파악하지 못한 나는 잠깐 선생님 얼굴을 쳐다본 뒤 음식만 이리저리 뒤적였다.

'왼손으로만 피아노를 치라고? 한 손으로만 어떻게 피아노를 친다는 걸까? 양손으로도 어려운데 한 손으로만 치면 그 빈 소리들은 어떻게 하지?'

머릿속에서 온갖 의문이 춤을 췄다. 아무 말도 못하고 연신 빈 젓가락질만 하는 내게 선생님이 이어서 말씀하셨다.

"세상에 피아노 잘 치는 좋은 연주자는 참 많아. 하지만 왼손으로만 연주하는 사람은 손에 꼽을 정도란다. 그러니 네가 한번 해 보는 건 어떨까?"

피아노란 왼손과 오른손을 적절히 사용함으로써 원하는 선율을 만들어내는 악기다. 피아노 건반은 왼쪽에서 오른쪽으로 나아갈수록 음이 높아지므로 오른손은 주로 고음의 영역에서 멜로디를 담당하고, 왼손은 저음의 영역에서 화음을 만들어낸다. 결국 두 손이 서로 협력해 하모니와 리듬을 창조해내고, 이를 통해 음악적인 선율과 풍부한 표현이 탄생한다. '적어도 그때까지는' 난 그렇게 생각했다. 그런데 세상에… 왼손으로만 피아노를 쳐 보라니! 당황한 내 표정을 읽은 선생님이 다시 말씀하셨다.

"왼손을 위한 연주곡이 1천 개가 넘는다는 걸 알고 있니? 넌 할 수 있어. 해 보자, 훈아."

선생님의 목소리에 힘이 있었다. 그것은 소망이나 기대가 아닌 확신이었다. 물론 나도 다시 피아노를 연주하고 싶다는 생각을 한 적이 있지만, 그때마다 목울대를 치고 올라오는 무언가를 다시 숨을 삼키는 것으로 애써 억눌러온 터였다. 그랬기에 선생님의 제안은 당황스러우면서도 한편으론 아주 특별한 응원으로 다가왔다. 결국 나는 큰 고민이나 망설임 없이 '왼손 연주'를 목표로 피아노 연습에 돌입하기로 마음먹었다. 재활을 위해서가 아니라 진정한 '왼손 피아니스트'로 가는 첫 번째 스텝을 밟기로 한 것이다.

나는 집에 오자마자 바로 연습을 시작했다. 처음엔 왼손가락을 피아노에 적응시키는 데 집중했고, 그러다 조금씩 왼손만을 위해 만들어진 곡들을 연습하기 시작했다. 물론 쉬운 일은 아니었다. 한 손으로만 연주하도록 만들어진 곡이라도 청중에게는 양손으로 연주할 때만큼이나 풍부한 소리로 다가가야 했기에 운지 하나하나에 훨씬 더 힘을 들여야 했다. 하지만 피아노를 다시 시작할 수 있다는 기쁨 때문인지 연습이 지겨웠던 적은 단 한 번도 없었다. 피아노를 시작한 이후 이렇게 즐겁게 피아노 앞에 앉은 적이 있었나 싶을 정도였다.

왼손으로 피아노를 치는 데는 이런저런 어려움이 많았는데 그중 하나가 페달을 밟는 것이었다. 피아노에서 페달은 음의 강약이나 길이를 조절해 연주자의 음악적 해석을 더욱 깊이 있게 만드는 역할을 한다. 보통은 양발로 세 개의 페달을 번갈아가며 누르는데, 연주자는 곡의 분위기와 감정을 고려하여 페달을 적절히 사용함으로써 메시지의 효과를 극대화한다. 예를 들어 어떤 곡에서는 지속 페달을 사용하여 긴장감을 높이고, 또 다른 곡에서는 소프트 페달로 부드러운 감정을 강조하는 식이다. 페달 사용으로 연주자는 자신만의 스타일을 구축할 수 있다.

나의 경우, 피나는 연습을 통해 겨우 페달을 밟을 수는 있게 됐지만 오른발을 움직일 수 없다 보니 미세한 강약 조절은 불가능했다. 게다가 왼손으로 건반을, 왼발로 페달을 누르다 보니 연주 중에 몸이 틀어지는 일도 다반사였다. 갈 길이 멀고도 험난했다. 그러나 왼손 피아니스트가 되기로 마음 먹은 이상 모두 기꺼이 감내해야 할 허들이었다.

다시 시작하다

할 수 있는 만큼 최선을 다하는 것, 오직 그것만이 내가 계획할 수 있는 전부였다. 그 사실을 인정하고 나니 이전보다 훨씬 가벼운 마음으로 피아노에 집중할 수 있었다. 왼손 피아니스트가 되기로 한 후 피아노는 또다시 내 삶의 전부가 되었다.

물론 연습 과정은 말할 수 없이 힘들었다. 뇌 기능이 저하돼 악보가 외워지지 않았고, 손가락도 마음의 속도를 따라오지 못했다. 의자에 비스듬히 앉아 페달을 밟으니 몸을 가누기 어려웠고, 몸의 중심이 무너지니 곡의 조화로움에도 균열이 생겼다. 이 모든 문제를 한꺼번에 맞닥뜨리면서 크게 흔들린 적도 있었지만 그것에 잠식되지 않도록 나는 끊임없이 스스로를 다독이고 보살폈다.

이렇게 더디지만 한 걸음씩 앞으로 나아가던 어느 날, 드디어 대중 앞에 설 기회가 주어졌다. 어머니가 다니던 교회로부터 초청을 받은 것이다. 그동안 수없이 많은 독주회를 했고 한국뿐 아니라 독일과 미국에서도 큰 무대에 오른 경험이 많았지만, 왼손 연주자로 서게 된 첫 무대는 이전의 어떤 무대보다 더 떨리고 긴장되었다.

어떻게 하면 익숙하지 않은 왼손 연주를 아름답게 구현해낼 수 있을까…. 오랜만에 주어진 무대인 만큼 나는 치열하게 고민하고 준비했으며, 다행히 연주를 성공적으로 마칠 수 있었다.

연주가 끝난 뒤 사람들은 감동의 눈물을 흘렸지만 내 마음은 이상하리만치 편안했다. 아이러니하게도 왼쪽 뇌를 다친 뒤 감정은 더 풍부해지고 담대해져서, 실수를 하더라도 '죽을 뻔도 했는데 이쯤이야…' 하고 뻔뻔하게 연주하니 더 자연스러운 결과물이 나왔다. 말 그대로 새옹지마였다.

그리고 2016년, 마침내 가톨릭대학교 서울성모병원 로비에서 왼손 피아니스트로서의 첫 공식 연주회를 열게 되었다. 이날 나의 바람은 나처럼 육신의 병으로 고통받고 있거나 두려움에 빠진 이들에게 내 연주가 작은 위로가 되어주었으면 좋겠다는 한 가지뿐이었다.

그 자리에는 독주회와 마스터클래스를 위해 우리나라를 방문 중이던 제임스 토코 교수님이 와 계셨다. 교수님은 그동안 내가 흘린 땀과 눈물을 누구보다 잘 아는 분이었다. 이날 나의 공연을 보고 미국에 돌아간 교수님은 얼마 후 생각지도 못한 제안을 건네셨다. 미국에서 박사 학위를 받으려면 피아노 연주 외에 그 어렵다는 음악 역사와 이론 시험을 통과해야 하는데,

당시 나는 시험은 모두 통과하고 논문만 마무리하면 되는 상태였다. '윤이상과 일본 작곡가 타케미츠 토루의 피아노 작품 비교'를 주제로 논문을 쓰던 중 뇌졸중이 오는 바람에 학위가 저만치 멀어져갔던 것이다.

교수님은 신시내티 음대 학장님과 의논하여 결정한 내용이라며, 미국에서 일곱 번의 연주회를 성공적으로 마치면 박사 학위를 수여하기로 했다는 소식을 전해주셨다. 나는 감사한 마음으로 교수님의 제안을 받아들이고 그해 가을 미국으로 건너갔다.

일곱 번의 연주회를 마치고

미국 연주 여행의 시작은 2017년 여름 디트로이트에서 열린 오대호 실내악 축제였다. 오대호 실내악 축제는 토코 교수님이 가톨릭 신부인 친동생과 함께 1994년에 시작한 행사인데 그곳에서 내게 왼손 피아니스트로 공식 데뷔할 기회를 주신 것이다.

여름철의 디트로이트는 아름다웠다. 미국 자동차산업의 중심지였지만 2009년 GM의 파산 보호 신청으로 급속히 쇠락했던 디트로이트는 그 후 오대호를 중심으로 미국에서 가장 힙한 도시 중 하나로 부활했다. 빈민가는 공원과 녹지로 재개발되었고 이곳을 중심으로 여러 예술가가 뜻을 모아 다양한 축제를 열고 있었다. 오대호 실내악 축제도 그중 하나였다.

매년 6월이면 디트로이트 메트로폴리탄 미술관과 콘서트하우스, 박물관과 성당 등 미시간 북동부 전역의 다양한 장소에서 20회 이상 콘서트가 열리는데, 내 공연 역시 성패트릭 대성당에서 시작해 디트로이트 미술관과 여러 콘서트하우스에서 진행됐다.

2017년 6월 16일, 성패트릭 대성당 무대에 올랐던 그 순간을 나는 잊지 못한다. 그날 공연은 토코 교수님과 나의 연주로 꾸

며졌다. 나는 무대 뒤에서 교수님의 연주를 들으며 몇 분 뒤 맞닥뜨릴 상황을 머릿속에 그리고 있었다. 토코 교수님의 연주가 끝나자 객석에서 박수가 터져나왔다. 이제 내 차례였다.

나는 진행요원의 도움을 받아 천천히 걸음을 뗐다. 이미 여러 번 무대에 올린 곡인 데다 준비도 충분했기 때문에 연주 자체는 크게 걱정되지 않았다. 걱정이 되는 건 무대로 나가 피아노 앞에 앉기까지의 몇 걸음이었다. 잠깐이지만 고요한 어둠 속에서 내게 집중돼 쏟아져내릴 빛이 낯설고 부담스럽고 두려웠다. 그러나 그것은 기우였다. 내가 입장할 때 일제히 일어나 박수를 보내는 관객들을 본 순간 모든 걱정이 훨훨 날아갔다. 그날 객석에서 쏟아진 뜨거웠던 기립 박수는 '조금은 특별한' 나의 음악 여정에 보내주는 격려와 응원이 아니었을까 싶다.

왼손으로 연주하는 것은 어렵다. 양손으로 하면 왼손은 근음(화음의 가장 낮은 음)을 치는데 왼손으로만 연주하면 엄지는 멜로디를 치고 새끼손가락은 근음을 쳐야 한다. 엄지손가락은 다른 손가락에 비해 짧기 때문에 멜로디를 치는 것이 당연히 불편하고 그러다 보니 힘을 더 세게 주어야 한다. 아무리 연습을 반복해도 적응이 되지 않는 힘든 과정이다.

미국 연주회를 대비하면서는 나 자신을 더욱 벼랑 끝까지 몰아붙였던 것 같다. 간절하게 바랐던 박사 학위를 받을 기회이자, 피아노와 음악이 내 삶의 절대적 가치임을 다시금 확인하는 시간이었기 때문이다.

그날 내가 만들어내는 음 하나하나를 숨죽여 감상한 관객들은 연주가 끝난 뒤에도 한참 동안 자리를 뜨지 않고 기립박수와 함성을 보내주었다. 그리고 박수갈채를 보내는 관객들 사이에서 하염없이 눈물을 흘리는 한 사람이 있었다. 아버지였다. 나는 그 모습을 잊을 수가 없다. 아들의 재기를 목격하며 흘러넘치는 눈물을 주체하지 못하던 아버지의 모습을.

그 후 이어진 무대들도 모두 성공적이었다. 공연장은 늘 만석이었고, 연주가 끝날 때마다 객석에서는 진심이 가득 담긴 박수가 쏟아졌다. 너무나도 행복한 시간이었다. 모든 것을 포기하고 떠나왔던 미국 땅을 피아니스트가 되어 다시 밟을 수 있었던 것은 오롯이 나를 사랑하고 나의 회복을 진심으로 기원해준 사람들 덕분이었다.

2008년, 유방암을 극복하고 다시 무대로 돌아온 서혜경 피아니스트가 했던 말이 떠오른다.

"예전에는 너무나 당연하게 여겼던 모든 것의 아름다움과 소중함에 감사하게 됐어요."

정말 그랬다. 살아 있는 것 자체가 감사했고, 두 손 가운데 왼쪽 손이라도 움직일 수 있어 이렇게 다시 관중 앞에서 피아노를 연주할 수 있다는 사실이 더없이 감사했다.

나는 디트로이트와 신시내티에서 십여 차례의 연주를 마친 뒤 2017년 8월, 신시내티대학교에서 음악박사 학위를 받았다. 학위 수여를 위해 연단에 올라간 순간 지난 5년의 시간이 내게 안겨준 너그럽고 찬찬한 가르침이 떠올랐다. 그 5년은 일상을 살아가는 생활인이자 연주자로 나를 다시 구성하고, 지향점을 조정하게 한 소중한 시간이었다.

신시내티 음악대학교 박사 학위를 받던 날

하나이자 전부가 된 단 하나의 음

김보현 한국여성작곡가회 회장

처음 이훈 선생을 만난 건 2016년 겨울, 한국여성작곡가회에서 기획한 음악회 날이었다. 연말이라 음악회는 가벼운 프로그램으로 구성되어 있었다. 그가 연주한 곡은 19세기 초 헨리 비숍이 작곡한 미국 민요 〈즐거운 우리집〉이었는데, 경쾌하고 편안한 분위기의 원곡을 자신만의 시선으로 해석한 것이 인상적이었다. 비록 짧은 곡이었지만 그의 연주는 아름다웠고 깊은 사색이 드리워져 있었다. 그날 연주를 듣고 언젠가 꼭 이훈 선생을 위한 왼손 피아노곡을 써야겠다고 생각했다.

그로부터 3년 후, 부산 향신회 회장직을 맡고 있던 나는 "왼손 피아니스트와 함께하는 음악회"를 기획하여 그를 초대했다. 사실 선생의 연주를 한 번밖에 보지 못한 상태에서 곡을 쓰기에는 무리가 있었다. 곡을 쓰려면 생각이 무르익을 시간이 필요했다. 더구나 '왼손만을 위한 곡'은 내게도 새로운 도

전이었다. 내가 생각하는 작품의 의도와 피아니스트의 한 손 연주가 조화를 이뤄낼 만한 곡을 구상하는 일은 생각보다 까다로웠다. 나는 시간을 두고 생각이 무르익을 때까지 기다리기로 했다.

그렇게 인연을 맺은 후 이훈 선생과 여러 차례 교류를 이어갔다. 그는 밝고 긍정적이며 의지가 강한 사람이었다. 그가 스스로 '긍정 에너지를 장착했다'고 표현한 글을 어디선가 읽은 적이 있는데 실제로 그 말 그대로였다.

2016년 이후 그는 가끔 안부 메시지를 보내왔다. 어느 날은 어린아이처럼 기뻐하며 지팡이 없이 걷는 동영상을 보내왔다. 영상에서 그는 누구의 부축도 지팡이의 도움도 없이 걷고 있었는데 그 뒷모습이 정말 희망적으로 보였다. 그 모습을 보고 나는 다소 무모한 계획을 세웠다. '왼손뿐만 아니라 한 음이라도 오른손을 쓸 수 있는 곡을 써야겠다'라는. 왠지 그러면 해낼 수 있을 것 같았다.

하지만 왼손 피아노곡 구상은 생각만큼 속도가 나지 않았다. 그러던 2024년의 어느 날, 이훈 선생이 먼저 독주회에서 연주할 곡을 써달라고 요청해왔다. 처음 선생을 만나 왼손으로만 연주할 수 있는 곡을 써 보겠다고 한 때로부터 무려 8년이나 지나 있었다. 나는 새롭게 곡을 구상하기에 이르렀고, 이 곡이 선생에게도 새로운 계기가 될 수 있기를 바랐다. 이전부터 생각해둔 바도 있었기에 선생에게 혹시 한 음이라도 오른손을 사용할 수 있겠느냐고 조심스럽게 물었다. 선생은 망설임 없이 해 보겠다고 답했다. 그렇게 3악장으로 이루어진 피아노 솔로곡 〈파묵破默〉이 세상에 나왔다. 이 곡이 다른 한 손의 침묵을 깨는 중요한 계기가 되었으면 하는 바람이 무엇보다 컸던 것 같다.

〈파묵〉은 2024년 11월 5일 예술의전당 인춘아트홀에서 열리는 이훈 선생의 독주회 때 처음으로 관객에게 선보일 예정이었다. 악보를 건넨 후 선생에게서 한동안 아무런 연락이 없어 궁금했지만 선뜻 물어보기가 쉽지 않아 기다리고만 있었다. 그러던 중 음악회를 열흘 남겨두고 딱 한 번 리허설 기회가 잡혔다. 이날 이훈 선생은 기쁜 얼굴로 내게 말했다.

"오른손으로 연주할 수 있어요!"

긴 침묵을 깨고 리허설을 하던 그날을 나는 잊지 못한다. 이훈 선생의 곡 해석은 더할 나위 없이 완벽했다. 오른손이 담당한 음은 비록 하나에 불과했지만, 그 한 음을 위해 얼마나 많은 노력을 기울였을지 충분히 짐작할 수 있었다.

음악회 날 이훈 선생은 자신이 오른손으로 연주하는 모습을 보면 사람들이 모두 놀랄 것이라며 흥분을 감추지 못했다.

그는 감각 없는 오른손으로 건반의 단 한 음이라도 연주하기 위해 끊임없이 노력했고, 마침내 스스로 기적을 만들어냈다. 그의 연주는 섬세하면서도 장엄했고, 그의 연주를 숨죽이며 지켜보던 청중의 표정은 놀라움으로 가득했다. 그의 어머니는 눈물을 글썽였고, 객석에서는 감격과 경이로움 속에 탄성과 뜨거운 박수가 터져나왔다. 나 역시 작곡가로서 오래전부터 생각하고 있던 일 가운데 하나를 실천했다는 뿌듯함에 마음이 벅차올랐다.

무엇보다도 감격적이었던 것은 이훈 선생이 보여준 불굴의 의지와 노력이었다. 그의 음악은 단순한 소리를 넘어 하나의 이야기가 되어 돌아왔다. 그것은 또 다른 차원의 울림이었다.

이훈 선생에게 고난은 '특별함을 빚는 디딤돌'이다. 삶에 대한 긍정적인 시선과 음악을 향한 멈추지 않는 열정이 인생에 닥친 도전을 기회로 엮어내는 힘을 만들어냈다. 그는 불가능 앞에서 좌절하는 대신 과감한 돌파를 택했고, 그의 의지는 모두에게 커다란 울림과 용기를 주었다.

선생의 일상을 가로막은 뇌졸중이 발병한 지 10여 년이 훌쩍 지났다. 그 역경의 시간이 어떠했을지 세세히 톺아보긴 어렵다. 분명한 사실은 그러한 상황이 음악에 대한 열정을 더욱 빛나게 했다는 점이다. 피아니스트에게 한 손이 묶인 것이나 다름없는 제약은 받아들이기 힘든 고통이었을 것이다. 그럼에도 그는 음악에 대한 뜨거운 열정으로 신체의 장벽을 무너뜨리고 자신의 길을 개척하는 데 성공했다.

하나의 음에 내디딘 한 걸음이 얼마나 고통스러운 노력의 산물일지 우리는 가늠하기조차 힘들다. 분명한 것은 그 한 걸음이 청중에게는 단단한 기억이자 깊은 감동으로 아로새겨졌다는 사실이다. 따라서 단순히 그의 강인한 의지에 존경을 표한다는 말로는 부족하다.

선생의 여정은 삶의 모든 도전에 맞서는 이들에게 커다란 용기를 선사한다는 점에서 음악적 성취 이상의 의미가 있다. 왼손 피아니스트라는 절대적으로 불리한 조건이 극복되는 과정을 옆에서 지켜본 것은 정말이지 놀라운 경험이었다고 이 자리를 빌려 새삼 고백하고 싶다.

내가 곡을 쓰면서 '오른손 음'을 더할 수 있었던 것은 선생의 꺾이지 않는 의지와 열정에서 영감을 얻은 덕분이었다. 그런 점에서 '하나의 음'은 하나이자 전부다. 선생의 의지가 발현되는 순간과 그것이 주는 여운은 단 하나의 음이면 충분하다고 생각했다. 그 순간의 푼크툼Punctum*이야말로 선생의 음악 철학을 가장 잘 대변하기 때문이다. 그것은 '돌파하는 힘'이 압축된 순간이어야 했고, 절망 속에서 빛나는 한 줄기 '희망'이어야 했다.

음악이 우리에게 부여하는 의미는 일일이 열거하기 어렵다. 분명한 것은 작곡가 역시 그런 음악의 수혜자 가운데 하나라는 사실이다. 이훈 선생의 음악은 삶을 긍정하고 고난을 끌어안는 쟁투를 통해 '아름다움'을 엿볼 수 있게 한다. 그것은 때로는 위로를, 때로는 용기를, 때로는 숭고함을 동반한다. 이것이 우리가 그의 음악에 지속적인 관심을 가질 수밖에 없는 이유이고, 그의 앞길을 응원하는 이유이다.

---

* 라틴어로 '찌름'이라는 뜻으로 롤랑 바르트가 『밝은 방』에서 제기한 철학적 개념이다. 사진을 볼 때 작가의 의도가 아닌 감상자 개인이 느끼는 충격과 여운의 감정을 말한다.

음악이라는 위로

미국에서 박사 학위를 받고 돌아온 뒤 나는 장소가 크든 작든 관중이 많든 적든, 나를 원하는 곳이 있으면 어디든 달려갔다. 누군가는 나로 인해 좌절의 늪에서 벗어나 용기를 얻을 수 있고, 또 누군가는 세상에 왼손으로만 연주하도록 만들어진 곡이 있다는 것을 알게 될 수 있으니까.

마음에 남는 연주회가 많지만 특히 잊지 못할 연주회는 코로나 팬데믹을 관통하는 시기에 진행된 것들이다. 2020년, 그 누구도 예상하지 못한 코로나 팬데믹이 시작되면서 세계는 공포에 휩싸였다. 보이지 않는 감염균으로 인해 타인과의 어떤 교류나 연대도 도모할 수 없는 괴이한 시절이 한참 동안 이어졌고, 고립에서 오는 두려움이 사람들을 집어삼켰다.

하지만 전쟁의 포화 속에서도 꽃은 핀다고 했던가. 코로나 팬데믹을 지나는 동안 우리는 가슴 따뜻한 감동의 순간을 여러 번 마주했다. 그 가운데 이탈리아에서 한 남성이 아파트 발코니에 나와 바이올린을 연주하는 모습을 뉴스에서 본 기억이 난다. 같은 아파트에 사는 주민들이 발코니에 나와 눈물을 흘리며 연주를 들은 뒤 그에게 감동과 감사의 박수를 보내주는 장면이었다. 나는 이 모습을 보면서 어려운 상황일수록 사람들 사이의 소통과 연대가 더욱 필요하다는 것, 예술이 사람과 사람에서 소통의 매개가 될 수 있다는 것을 깨달았다.

2020년 11월 4일, 롯데콘서트홀에서 "My Left Hand"라는 이름으로 나의 독주회가 열렸다. 한 기업의 후원 덕분에 시작된 온라인 공연지원사업 "뮤직 킵스 고잉 Music Keeps Going" 프로젝트의 네 번째 무대였다. 공연 제목처럼 '아무리 힘들어도 사람들의 마음을 따뜻하게 연결하는 음악은 계속되어야 한다'라는 것이 이 무대의 취지였다.

레오폴드 고도프스키가 작곡한 〈명상과 엘레지〉, 오른손 부상의 고통을 예술로 승화한 스크랴빈의 〈전주곡과 야상곡〉, 오랜 연주로 오른손이 마비된 클라라를 위해 브람스가 편곡한 작품 〈샤콘〉 등 이 공연에서 나는 오롯이 왼손만을 위해 만들어진 곡들을 연주했다.

이 독주회가 특별했던 것은 무관중으로 진행되었다는 점이다. 주변에서는 청중이 없으니 떨리지 않을 거라고 했지만 관객의 피드백이 없는 연주는 또다른 긴장감을 안겨주었다. 나와의 외로운 싸움 같았다고나 할까. 아이러니하게도 청중이 없어서 더 많이 떨렸고, 그래서 음악에 더욱 집중할 수 있었다. '고요 속의 몰입'을 경험하다 보니 연주에 대해서도 좀 더 냉정한 평가를 내릴 수 있었다. 더 많은 연습과 더 깊은 이해와 해석이 필요하다는 반성은 연주 중에도, 연주를 마친 후에도 머리와 마음의 정중앙에 버티고 서서 나를 서늘하게 바라봤다. 정진精進. 좋은 연주를 위해 더욱 진심을 쏟아내야겠다고 결심한 시간이었다.

이듬해인 2021년 10월 29일에는 예술의전당 인춘아트홀에서 독주회를 열었다. 사회적 거리두기가 절정에 이르렀던 시기라 관객들이 두서너 자리씩 떨어져 앉아야 했지만, 무관중 공연을 했을 때를 생각하면 이마저도 감사했다.

이날은 그동안 자주 연주하지 않았던 곡들로 레퍼토리를 구성했다. 20세기 초 작곡계의 아이콘인 체코 작곡가 에르빈 슐호프의 〈왼손을 위한 모음곡 제3번〉을 시작으로 러시아의 작곡가이자 지휘자이자 피아니스트인 펠릭스 블루멘펠트의 〈왼손을 위한 연습곡 Op. 36〉, 작곡가 이남림 선생님이 나를 위해 지은 작품 〈봄의 정경〉을 초연했다. 그리고 왼쪽 눈을 실명한 작곡가이자 피아니스트인 가오핑의 〈레프탱고〉에 이어 마지막으로 브람스의 〈샤콘〉까지 총 다섯 곡을 연주했다.

관객들은 띄엄띄엄 앉아 오롯이 음악에 집중하는 가운데 서로가 서로를 위로하는 따뜻함을 느낄 수 있었다는 후기를 전해주었다. 규모가 큰 콘서트홀에서 관객이 꽉 들어찬 객석을 앞에 두고 연주하는 것도 감동이지만, 누군가 내게 어떤 공연이 가장 인상에 남았느냐고 물어온다면 아마도 이 시기에 한 공연들을 꼽을 것 같다.

앞서 말했지만 선화예중에 합격했을 때 사실 마음이 썩 즐겁지는 않았다. 하지만 선화예중에서 평생의 스승을 만났고, 고등학교 2학년 때 어학연수단에 선발된 것을 계기로 독일 유학까지 가게 되었으니 이만하면 선화예술학교와 나는 천생연분이 아닐까 싶다.

그리고 2022년 선화예중고 개교 48주년을 맞아 열린 축하 음악회 역시 내게 잊을 수 없는 기억을 안겨주었다. 세계적인 피아니스트의 꿈을 안고 열심히 연습하던 중고등학생 시절이 엊그제 같은데 개교 48주년 연주회에 참여하다니 감회가 새로웠다. 이 날은 특히 친구들과 선후배가 함께 무대를 꾸몄는데, 이때 인연이 이어져 중고등학교 동창들이 모두 2024년 11월 열린 나의 독주회에 와주었다.

2025년 1월에 열린 연주회도 특별했다. 나는 2024년 11월 창단한 경기도 장애인오케스트라 홍보대사를 맡고 있어 장애인을 위한 공연에 자주 초청받곤 하는데, 이 음악회 역시 지체장애인을 위해 마련된 자리였다. 집중이 어려운 지체장애인의 특성 때문에 장내가 조금 소란스럽긴 했지만, 음악으로 소통하고자 하는 마음은 다르지 않다는 것을 오롯이 느낀 고마운 시간이었다.

관객들은 연주가 계속되는 동안 연신 몸을 움직이거나 소리를 내곤 했다. 내가 이런 상황이 되지 않았더라면 그들을 이해하지 못했을지 모른다. 무릇 클래식 공연장이란 조용하고 엄숙하며 정해진 예절을 지켜야 하는 공간이라는 인식이 일반적이니 말이다. 하지만 장애를 갖고 보니 언젠가 존경하는 피아니스트 백건우 선생님이 하신 말이 떠올랐다.

백건우 선생님이 지적장애인과 그 가족, 시설 관계자 등을 대상으로 공연하던 중 갑자기 관객 한 명이 무대 위로 올라와 선생님 옆에서 함께 건반을 눌렀다고 한다. 객석은 술렁였지만 선생님은 전혀 동요하지 않았고, 지적장애를 가진 그 청년을 미소 띤 얼굴로 바라보며 연주를 이어갔다고 한다. 곧 안내원이 청년을 데리고 내려갔지만 그 아름다운 장면은 두고두고 회자됐다고. 그 후 이 피아노의 거장은 "음악을 한다는 것은 음악으로 서로 마음을 나누는 일"이라고 강조했다.

왼손 피아니스트로 활동하면서 나는 타인에게 많은 위로를 받았고 또 주기도 했다. 악보를 외우는 일은 여전히 어렵고, 내 앞에는 넘어야 할 산도 너무나 많다. 그러나 더 많은 사람과 더 큰 위로를 나누기 위해 나는 앞으로도 열심히 연습하고 노력할 것이다.

"만남이 예술이 되다" 연주회 중

한계를 딛고 경계를 허물며

나는 인복 하나는 정말 타고난 것 같다. 돌아보면 내가 이 자리에 있기까지 너무나 많은 사람들이 곁을 지켜주었다. 그중 내가 하늘에서 보내준 천사라고 생각하는 사람이 있는데 바로 현 소속사 툴뮤직의 정은현 대표다.

정은현 대표는 만나면 만날수록 끌리는, 젊지만 배울 점이 많은 사람이다. 2019년 3월 피아니스트 김은희 선생님의 소개로 만난 정은현 대표는 무척 예의 바르고 스마트한 사람이었다. 그는 피아노를 전공하고, 툴뮤직이라는 사회적 기업을 세워 장애인과 비장애인 아티스트를 매니지먼트하고 그들의 취업과 창업을 돕는 새로운 영역을 개척하고 있었다.

사실 정 대표를 만나기 전에는 독주회를 하고 싶으면 자비로 하는 것밖에는 방법이 없었다. 미국에서 박사 학위를 받았다고는 하지만 처음에는 이름 없는 왼손 피아니스트를 위해 선뜻 무대를 제공하는 곳이 많지 않았다. 결국 나 스스로 시장을 개척해야 하는데 그건 쉽지 않은 일이었다. 그렇게 답보를 거듭할 즈음 정은현 대표를 만나 국가에서 장애 예술인을 지원한다는 것을 알게 되었고, 덕분에 서울문화재단의 도움을 받아 독주회를 열 수 있었다. 그 후 나는 툴뮤직 소속 아티스트가 되어 연주 활동을 계속하고 있다.

2021년에는 예술의전당 인춘아트홀에서 독주회를 열었고, 그해 12월에는 첫 번째 디지털 앨범도 발매했다. 사람들은 저마다 다른 사람에게 말하지 못하는 크고 작은 상처를 품고 사는데 나는 이때 음악이 최고의 의사가 될 수 있다고 믿는다. 마음을 위로받을 때 비로소 이겨낼 수 있는 생각과 의지가 눈을 뜨기 때문이다.

그래서일까. 음원을 발매한 이후 더 많은 사람이 내 연주를 들을 수 있게 되었다는 사실이 마냥 기쁘고 감사했다.

툴뮤직 덕분에 얻은 또 하나의 기쁨이 있다면 장애인뿐 아니라 비장애인에게도 나의 음악을 알릴 기회가 많아졌다는 것이다. 툴뮤직은 '음악이 가진 감동과 위로의 본질을 지키면서 새로운 콘텐츠를 만들어내는 것'을 가치로 삼는 기업이다. 따라서 한계를 딛고 일어서는 장애 예술인의 모습을 보여줄 수 있는 많은 행사들을 기획했고, 고맙게도 나도 거기에 참여할 수 있었다.

내가 툴뮤직 소속으로 참여했던 여러 프로젝트 가운데 일부를 소개하고 싶다. 우선 포스코 1% 나눔재단이 주최한 "만남이 예술이 되다"가 있다. 포스코 본사 로비에서 코로나에 지친 임직원을 위로하기 위해 열린 연주회에서 나는 다비치의 강민경 씨와 함께 무대에 올랐다. 서지원의 〈내 눈물 모아〉를 노래한 강민경 가수는 맑은 음색과 짙은 감성으로 노랫말의 쓸쓸함을 잘 표현해 감동을 주었다. 클래식과 대중음악, 장애 예술인과 비장애 예술인이 어우러진 특별한 기획이어서인지 이 연주 영상은 유튜브에서 많은 조회 수를 기록하기도 했다. 이 기획에 참여하면서 이렇게 장애 예술인들에게 더 많은 연주와 공연, 전시의 기회가 주어진다면 비장애인도 장애 예술인을 한층 가깝게 느낄 수 있겠구나, 하는 생각이 들었다.

"2021 A+ 페스티벌"에서 슐호프의 〈왼손을 위한 모음곡〉 중 칭가라Zingara를 연주했을 때의 일이다. '집시 여인'이란 뜻을 가진 칭가라는 불협화음으로 구성된 약간 우스꽝스럽고 장난기 가득한 작품인데, 이날 관객들은 나의 흥거운 연주에 맞춰 신나게 박수를 치며 적극적으로 호응해주었다. 그 모습을 보며 음악이 어떻게 사람들의 감정과 마음을 이어주는지 확인한 것 같아 한껏 들떴던 기억이 난다.

아프지 않았더라면 음악에 대한 이런 진지한 사유를 할 수 있었을까. 그리고 툴뮤직의 정은현 대표를 만나지 않았더라면 장애와 비장애를 다양하게 넘나드는 감격스러운 연주의 경험을 만끽할 수 있었을까. 아마 불가능했을 것이다. 장애를 딛고 일어서면서 음악을 통해 사람들과 마음을 나눈다는 게 뭔지 알게 됐고, 툴뮤직 정은현 대표를 만나 진심으로 타인을 위로하는 법을 배울 수 있었다. 정말이지 정은현 대표는 하늘에서 내려보낸 천사다.

왼쪽부터 어머니, 김은희 선생님, 나, 아버지, 정은현 대표님

당신과 함께한 모든 순간이 선물이었습니다

정은현 사회적기업 (주)툴뮤직 대표이사

존경하고 사랑하는 이훈 선생님,

선생님과의 인연은 제 인생에서 가장 소중하고 잊을 수 없는 것 가운데 하나입니다. 선생님을 처음 만났을 때가 떠오르는군요. 제 아내의 하노버 음대 선배인 김은희 선생님 소개로 처음 선생님을 만났을 때 긍정적인 에너지가 넘치는 모습에 깜짝 놀랐습니다. 위트 있고, 사람을 따뜻하게 대하는 선생님의 태도에서 깊은 인상을 받았습니다. 그 긍정적인 에너지는 단순히 외적인 것이 아니라 깊은 내면에서 비롯된 것임을 이내 알 수 있었지요. 선생님의 음악과 삶을 곁에서 지켜보면서 열정과 의지, 그리고 음악에 대한 진정성을 깊이 느낄 수 있었습니다. 선생님의 연주는 단순한 연주가 아닌 삶의 모든 순간이 담긴 이야기였습니다.

세상에 천재는 많지만 왼손 피아니스트는 많지 않습니다.

그래서 저는 선생님이 한국을 넘어 세계적으로 알려져야 할 국보 같은 존재라고 생각합니다. 일본에 노부유키 츠지이(시각장애를 극복한 세계적인 피아니스트)가 있다면, 한국에는 이훈 선생님이 있다고 감히 말씀드릴 수 있습니다.

저는 선생님의 탁월한 재능이 단순한 기술을 넘어 연주에 대한 진심이며, 삶에 대한 진지함, 누구보다 피아노를 사랑하는 마음이라고 확신합니다. 한 손으로 연주하지만 그 감동은 두 손보다 더 깊고 큽니다. 그래서 저는 시각장애를 극복하고 세계적인 명성을 얻은 이탈리아의 테너 안드레아 보첼리처럼 언젠가 선생님께서 세계 무대에서 연주하시는 모습을 항상 상상합니다.

선생님이 가지고 있는 에너지는 연주에서도 고스란히 드러납니다. 저는 선생님의 연주를 지켜보면서 더 깊은 존경과 애정을 가지게 되었습니다. 처음 만나뵈었을 때 선생님의 음악적 깊이와 따뜻한 인품에 깊은 감명을 받았고, 선생님의 음악적 여정에 함께할 수 있게 된 것을 늘 감사하게 생각하고 있습니다.

선생님과 함께한 수많은 무대들은 제게도 깊은 인상을 남겼습니다. 2019년 JCC아트센터 콘서트홀에서의 독주회를 시작으로, 2020년 롯데콘서트홀 독주회, 2021년 예술의전당 인춘아트홀 독주회, 2023년 예술의전당 리사이틀홀 독주회, 2024년 예술의전당 인춘아트홀 독주회, 그리고 2024년 툴뮤직 장애인예술단 창단연주회에 이르기까지 선생님의 음악적 여정은 늘 감동으로 가득했습니다. 그리고 이 모든 여정의 중심에는 선생님의 어머님이 계셨습니다.

선생님의 연주는 어머님의 헌신과 사랑이 만들어낸 기적입니다. 어머님의 묵묵한 뒷바라지와 끝없는 사랑이 없었다면 오늘날의 이훈은 존재할 수 없었을 것입니다. 선생님의 연주는 단순히 한 사람의 예술적 표현을 넘어 어머님의 삶과 사랑이 고스란히 담겨 있는 아름다운 이야기입니다. 어쩌면 이 책은 선생님의 음악을 넘어 어머님의 이야기이기도 합니다. 그 헌신과 사랑에 깊은 존경과 감사를 전합니다.

이훈 선생님,

선생님과 동행했던 모든 순간이 저에게는 감동이었습니다. 앞으로도 작은 촛불이 되어 선생님의 길을 비추어드리고 싶습니다. 선생님께서 한국을 넘어 세계적인 아티스트로 발돋움하는 그날까지 저도 함께 최선을 다하겠습니다.

선생님과 동행했던 모든 순간이 저에게는 커다란 선물이었습니다. 선생님께서 걸어가시는 길이 많은 이에게 빛과 희망이 되기를 바라며 항상 응원하겠습니다.

아버지의 마음

내가 기억하는 아버지는 무척 강인한 분이었다. 야구선수 이해창. 일명 '쌕쌕이'라 불리며 1983년 현 LG트윈스의 전신인 MBC청룡에서 득점왕과 도루왕을 차지한 대한민국 프로야구의 대표 선수였다.

아버지는 내가 태어날 즈음 대한민국 야구 대표팀 선수로 활동하셨기에 집에 거의 들어오지 못했다. 1982년 서울에서 열린 세계야구선수권대회에 주장으로 참여해 한국팀을 우승으로 이끈 이듬해에는 프로팀에 입단했기에 더더욱 바쁠 수밖에 없었다. 자주 뵐 수는 없었지만 집에 오면 우리 삼 남매와 최대한 놀아주려고 애쓴 자상하신 분이었다. 당시에는 야구 장비가 흔하지 않았기 때문에 아버지와 시간을 보낼 때 우리는 야구보다 축구를 하곤 했고, 나는 그냥 적당한 정도의 관심만 가질 뿐이었다.

가끔 사람들이 묻는다. 체격이 또래에 비해 건장한 편인데 아버지가 나를 야구선수로 키우고 싶어 하진 않으셨느냐고. 마음속에 그런 바람이 있었는지는 모르겠지만 아버지는 전혀 그런 얘길 하지 않으셨다. 그러다 내가 피아노에 푹 빠지자 좋아하는 걸 마음껏 하라며 응원해주셨다.

아버지가 은퇴하신 뒤에는 내가 유학 중이라 우리는 여전히 많은 시간을 같이 보낼 수 없었다. 나는 연습하랴 공부하랴 자주 귀국할 수 없었고, 어쩌다 연주회라도 있어서 들어오면 아버지는 당시 대부분의 아버지들이 그랬듯 "왔니?"라는 한마디를 툭 던지실 뿐이었다. 그러나 나는 조금도 섭섭하지 않았다. 무뚝뚝함 뒤에 숨어 있는 커다란 사랑을 알고 있었기 때문이다.

내가 병을 안고 귀국했을 때도 아버지는 별다른 반응을 보이지 않으셨다. 먼 타국에서 들려오는 소식에 궁금한 것도 많았을 테고 눈으로 직접 보고픈 마음도 컸을 텐데, 그리고 막상 공항에서 확인한 내 상태가 생각보다 더 좋지 않아 많이 놀라셨을 텐데 아버지는 아무 말도 하지 않으셨다. 걱정하는 모습을 보이면 내 마음도 함께 약해질 거라 생각하셨는지 눈물도 보이지 않으셨다.

그러던 어느 날, 친구분들과 모인 자리에서 내 얘기를 하다 우시는 아버지의 모습을 보았다. 그날에야 알게 된 아버지의 진심. 겉으로 표현은 하지 않았지만 얼마나 걱정이 많으셨을까. 다 큰 아들이 혼자 힘으로는 일어설 수 없고, 하나부터 열까지 다른 사람의 도움을 받아야 하고, 대화도 원활하게 할 수 없는 상태가 되어 돌아왔으니. 하지만 한 번도 그런 내색을 하지 않고 그저 참고 삭이며 담담히, 무언의 지지만을 보내준 아버지가 너무 고맙게 느껴졌다.

나는 무슨 일에든 호기심이 많고 어려운 일을 맞닥뜨려도 쉽게 좌절하지 않는 성격이다. 삶의 역경을 이겨내는 힘을 회복탄력성이라고 부른다는데 나는 회복탄력성이 높은 편이다. 삶이 늘 행복하기만 하면 얼마나 좋을까마는 그럴 수는 없다. 우리는 크고 작은 시련을 겪고 또 견디며 인생을 살아간다. 반복되는 시련 속에서 마음의 근력을 높여 역경이 닥쳐도 다시 높이 튀어오르는 탄성. 그 회복탄력성을 나는 아버지에게 배웠다.

어려운 환경에서 성장해 냉혹한 프로야구 세계에서 살아남기까지 얼마나 부침이 많았을까. 그런 아버지의 일생을 관통한 한 마디는 "절대 포기하지 말자. 열심히 하면 꿈은 이루어진다"였다. 어려움이 닥칠 때마다 가족을 생각하면서 참았다는 아버지처럼 나 역시 왼손 피아니스트라는 꿈을 바라보면서, 내 곁에 있는 가족을 생각하면서 혹독한 아픔의 시간을 이겨낼 수 있었다. 자식은 부모의 뒷모습을 보고 자란다고 했던가. 그런 의미에서 아버지는 언제나 닮고 싶은 큰 산이었다.

아버지가 살아온 궤적을 알 수 있는 일화가 있다. 2019년,

'TV는 사랑을 싣고'라는 티브이 프로그램에서 연락이 왔다. 당시 두산베어스의 포수였던 홍성흔 선수가 아버지를 찾는다는 내용이었다. 알고 보니 홍성흔 선수가 도봉리틀야구단에서 활동하던 시절 아버지가 원포인트 코칭을 하러 그곳을 방문했는데, 이때 홍성흔 선수에게 직접 활용할 수 있는 중요한 여러 가지 훈련 스킬을 가르쳐주고 인생의 키가 될 수 있는 조언도 해주셨다고 한다.

아버지는 홍성흔 선수의 머리를 쓰다듬으면서 "너는 긍정적인 에너지를 비롯해 여러 가지 특별한 에너지를 가지고 있다. 그러니 절대 포기하지 말아라. 포기하지 않고 계속 하다 보면 야구장 안에서 홍성흔이라는 이름 석 자가 크게 울려퍼질 것"이라며 용기를 북돋워주셨다고 한다.

그 후 가정적인 시련이 닥쳐왔을 때도 홍성흔 선수는 아버지의 말을 금과옥조 삼아 이겨냈고, 그 결과 우리나라를 대표하는 야구선수가 되었다. 그때의 고마움을 잊지 않고 아버지를 찾아온 것이다.

아버지의 이런 긍정적인 에너지는 내게도 많은 영향을 미쳤다. 적극적으로 표현하진 않으셨지만 내가 힘들 때 좌절하거나 포기하지 않도록 용기를 북돋워주셨다. 나는 언제나 아버지 같은 어른이 되고 싶었고, 지금도 그 꿈은 변함 없다. 그리고 그 꿈을 향해 날마다 한 발짝씩 나아가고 있다.

어머니, 나의 어머니

어머니는 내게 절대적인 존재다. 아버지는 원정경기와 전지훈련 등으로 자주 집을 비우셨고, 그러다 보니 자식들 교육은 전적으로 어머니의 몫이었다. 어머니는 꿈이 배우였다는데(정말 배우 뺨칠 정도의 미모를 갖고 계시다) 외할아버지의 반대로 꿈을 이룰 수 없었다. 그래서 자식들 교육과 관련해 '너희 하고 싶은 건 다 해봐라'는 신조를 갖고 있었고, 가장 큰 수혜자는 나였다.

피아노를 전공하기로 한 뒤 어머니는 꿈을 향해 달려가는 나를 한없이 지지해주셨다. 독일 유학을 결정했을 때도 마찬가지였다. 우리 집이 경제적으로 아주 풍요로운 편은 아닌 데다 내 아래로 동생이 둘 있었다. 어머니 입장에서 맏아들이 너무 일찍 품을 떠나는 것도 달갑지만은 않으셨을 것이다. 그럼에도 어머니는 한 치의 망설임도 없이 나의 결정을 존중해주셨다.

그로부터 24년 후 그 사건이 닥쳐왔다. 그 일이 일어났을 때 어머니는 아들을 다시 얻은 것 같다고 하셨다. 일찌감치 품을 떠난 아들이 어린 꼬마가 되어 돌아왔고 하나부터 열까지 어머니 손을 필요로 했으니 그렇게 생각하실 만도 했다.

하지만 어머니는 절망하지 않으셨다. 오히려 어릴 때 곁을 떠나 주지 못했던 사랑을 시간이 지난 후에 주는 거라 생각하셨을 정도다. 자식들 다 키운 뒤 홀가분하게 여행을 다니거나 취미활동을 즐겨야 할 시기에 갑자기 아들을 뒷바라지하게 되었으니 심경이 어땠을까.

어머니 말씀에 의하면 나는 일곱 살 때부터 혼자 샤워를 했을 만큼 독립적인 성격이었다고 한다. 그래서일까. 처음엔 어머니의 도움을 받는 걸 받아들이기가 쉽지 않았다.

근육이 굳는 것을 막기 위해 필사적으로 재활 훈련을 하고 나면 온몸이 땀으로 흠뻑 젖는다. 그러면 어머니는 안쓰러움에 땀을 닦아주려 했는데 그럴 때마다 나는 어머니의 손길을 매몰차게 거부했다. 지금 돌아보면 후회가 한가득이다. 아마도 '내가 왜 이렇게 됐을까' '왜 누군가의 도움을 받아야만 할까' 하는 자괴감에 가장 편하고 가까운 사람에게 짜증을 부렸던 것 같다. 어머니는 그걸 오롯이 받아내셨다. 나중에 안 사실이지만 왜소한 체구로 나를 돌보느라 손목 인대가 늘어나는 일도 다반사였고 남몰래 눈물을 흘린 일도 많았다고 한다.

휠체어를 과감히 치워버린 것도 어머니의 결단이었다. 나는 병원을 오고 갈 때 주로 휠체어를 이용했는데, 왼쪽 다리 근육을 조금이라도 더 튼튼하게 만들고 마음대로 움직여지지 않는 오른쪽 다리로도 땅을 디딜 수 있도록 어머니가 치워버린 것이다. 솔직히 꾀를 피우고 싶은 순간도 많았다. 휠체어를 이용하면 오른쪽 다리를 사용하지 않아도 되니 편했다. 하지만 그 수준에 머물러 있기에는 나를 지켜주고 나를 위해 기도해주는 어머니의 바람이 너무 크고 간절했다. 결국 나는 고통스러움을 떨치고 일어섰다.

그때부터 동네 산책이 시작됐다. 처음엔 어머니에게 거의 기대다시피 해서 걸음을 떼다가 차츰 지팡이에 의지했고, 그 후에는 지팡이를 버리고 혼자서 걸었다. 그리고 이제는 동네 산책이나 한의원 정도는 느리지만 혼자서 갈 수 있다. 어머니 없이 동네 사람들과 인사하며 익숙한 빵집에 들러 빵을 사기도 한다. 모두 어머니의 결단 덕분이다. 어머니에게 하고픈 말이 수없이 많지만, 오늘만큼은 큰 소리로 외치고 싶다.

"어머니, 사랑합니다. 감사합니다. 양손 독주회를 할 수 있는 그날까지 열심히 재활하고 피아노 칠게요."

존경하는 음악가들 1

음악으로 오랫동안 교류해온 친구들이 내게 말한다. 나의 음악이 달라졌다고. 전보다 감성이 훨씬 풍부해져서 듣는 내내 어리둥절하다고 한다. 아마도 뇌졸중 때문일 것이다. 이성을 담당하는 왼쪽 뇌의 60퍼센트 이상이 손상되었으니 어쩌면 그 덕분에 전보다 더 풍부한 감정을 갖게 된 것이 아닐까.

왼손 피아니스트로 활동하면서 이전에는 하지 않았던 고민을 한다. 전에는 어떻게 하면 화려한 기교로 사람들을 내 연주에 홀딱 반하게 할까에 집중했다면 지금은 어떻게 하면 내 진심이 관객에게 닿을지, 어떻게 해야 관객이 내 마음을 알아줄지에 대한 고민이 깊다.

왼손 연주곡은 나 역시 거의 처음 접하는 곡들이었다. 그래서 나는 먼저 작곡가를 이해하는 데 학습의 초점을 맞추었다. 그런 다음에는 나만의 독창적인 해석을 더해 연주가 좀 더 풍성해지도록 노력했다.

동료 연주자들은 소리가 정말 좋아졌다면서 나의 성장과 발전을 크게 축하해주었다. 연주자에게는 이성과 감성의 조화와 균형이 중요한데 나는 아무래도 냉정한 사고가 어렵다 보니 격려하고 위로해주려 한 말이 아닐까 싶다. 어쨌든 현재로서는 더욱 성실하고 진실하게 연습에 연습을 더할 뿐이다.

왼손으로 연주할 수 있는 곡이 1천 개가 넘는다는 사실은 왼손 연주만의 특별한 '세계'가 있음을 말해준다. 작곡가들은 왼손의 역할과 잠재된 능력을 이미 알고 있었던 것이다. 그동안 사람들은 어쩌면 일반화된 연주와 감상의 '틀' 안에서만 음악을 경험해왔는지도 모르겠다.

2019년 11월 러시아 상트페테르부르크에서 피아니스트 손열음이 모리스 라벨의 〈왼손을 위한 피아노 협주곡〉을 연주했다. 2021년 유튜브에 업로드된 연주 영상은 2025년 현재 조회 수가 3만 회에 가깝다. 손열음이라는 뛰어난 피아니스트의 연주이기도 하거니와 세계적으로 가장 많은 저작권료를 보유한 〈볼레로〉의 작곡가 모리스 라벨이 만든 단 두 곡의 피아노 협주곡 중 하나이기에 더 유명세를 떨쳤던 것 같다.

이 곡을 연주하려면 왼손이 건반 위를 날아다녀야 하는 정도의 기교가 필요하다. 또한 대단히 빠르고 격정적인 동시에 힘이 넘쳐, 곡을 헌정받은 비트겐슈타인조차 편곡을 요청할 정도였다. 이런 이유로 연주에 있어서는 감히 신의 경지를 논하는 곡이기도 하다.

손열음의 연주는 자신감이 넘쳤고 역동적이었으며, 그의 여느 연주처럼 당당하고 세련된 힘을 지니고 있었다. 손열음이 왼손으로 꾸려낸 견고한 세계였다.

일반적으로 사람들은 왼손과 오른손을 모두 사용할 때 멜로디와 화음이 풍성해지고 곡을 표현하는 방법도 다양해질 것이라고 생각한다. 틀린 말이 아니다. 그러나 같은 곡을 연주자에 따라 다르게 해석하여 각자의 개성을 구성해가는 일련의 과정은 감상의 다른 방법을 만들어준다. 그래서 양손 연주가 절대적일 수는 없다.

라벨은 제1차 세계대전에 동맹국 소속으로 참전했다가 부상을 입고 오른팔을 절단한 오스트리아 출신 피아니스트 파울 비트겐슈타인을 위해 이 곡을 만들었다. 부상당한 채로 시베리아 수용소에 구금된 비트겐슈타인은 절망적인 상황 속에서도 피아니스트의 길을 포기하지 않았다. 왼손 피아니스트가 되기로 결심한 그는 수용소 한쪽에 있던 나무 상자를 피아노 삼아 상상 속 연습을 시작했다. 그리고 왼손 다섯 손가락으로 상자를 두드리며 이렇게 되뇌었다.

"내겐 아직 왼손이 있다. 다섯 개의 손가락이 남아 있다."

전쟁이 끝난 뒤 그는 라벨을 포함해 벤자민 브리튼, 리하르트

슈트라우스, 파울 힌데미트 등 당시 유명 작곡가들에게 왼손만을 위한 작품을 의뢰했다. 전쟁으로 친구들을 잃고 그 참혹함에 깊이 공감했던 라벨은 비트겐슈타인의 요청에 협주곡으로 화답했다.

오케스트라와 긴밀한 연결을 주고받는 피아노 협주곡은 대체로 고난도의 기교를 요한다. 3개 악장에 길이도 30분을 훌쩍 넘기는 것이 대부분이다. 이런 장대한 형식의 특성상 한 손만을 위한 피아노 협주곡은 쉽게 시도하기 어렵다. 하지만 라벨은 틀을 깼다. 3악장 구성을 단일 악장의 세 부분 형식으로 바꿨으며, 길이도 20분가량으로 축소했다. 그리고 청중이 축소된 형식에서 오른손의 부재를 느끼지 못하도록 짜임새 있는 오케스트레이션과 피아노 테크닉을 통해 조밀하고도 풍성한 음향을 창조해냈다. 악보를 보며 감상하지 않는 이상 이 작품이 한 손만으로 연주된다는 걸 알아차리는 사람은 드물 것이다.

그뿐만이 아니다. 라벨 외에도 프로코피예프를 비롯한 여러 유명 작곡가들이 파울 비트겐슈타인을 위해 왼손을 위한 피아노 협주곡을 작곡했고, 그래서 비트겐슈타인은 '왼손의 비르투오소(거장)'라고 불린다.

나는 왼손 피아니스트가 된 뒤 알렉산드르 스크랴빈의 〈왼손을 위한 전주곡과 야상곡〉을 첫 독주회부터 지금까지 기회가 있을 때마다 연주했다.

스크랴빈의 곡에서는 깊이를 가늠하기 어려운 침묵이 느껴진다. 그의 곡은 말하지 않은 말의 무게와 깊이를 상상하게 하고, 끊임없이 나를 돌아보게 한다. 거듭 나의 내면을 깊숙이 들여다보게 한다. 시간에 대한 후회와 바꿀 수 없는 것들에 대한 미련 등으로 자기 연민에 빠지도록 놔두지 않고 문제를 정면으로 마주보게 한다. 스크랴빈은 나무람보다 더 무겁고 큰 힘으로 기분과 마음의 본질에 닿으라고 말한다.

뛰어난 피아니스트이기도 했던 스크랴빈은 무리한 연습으로 한때 오른손에 심각한 부상을 입으면서 왼손 연주곡을 만들었다. 이후 다행히 부상에서 회복해 양손 피아니스트로 계속 활동할 수 있었지만 오른손을 쓰지 못하게 되었을 때 그는 큰 절망에 빠졌을 것이다. 지독한 연습과 열정, 피아노와 혼연일체가 되는 경지의 연주, 이 모두에는 희열과 함께 검고 깊은 절망도 동반된다.

청중은 스크랴빈이 오른손 마비를 겪으면서 마주한 절망과 불행에 공감하는 것에서 한 걸음 더 나아가, 심해의 고요 속에서 스스로를 돌아보라는 요청까지도 인지할 수 있을 것이다.

2023년, 나의 두 번째 디지털 음원이 발매됐다. 이번에도 역시 내가 사랑하는 두 곡을 담았는데, 그중 하나가 독일 '낭만파 음악의 거장' 요하네스 브람스가 바흐의 바이올린곡 〈샤콘〉을 왼손만을 위해 편곡한 작품이다.

"가장 깊은 생각과 가장 강력한 감정에 가득 찬 나는 당신이 순수한 기쁨을 얻을 수 있도록 왼손으로만 연주할 수 있게 돕는 데 몰두했습니다. 이 곡은 바이올린과 비슷한 난도와 테크닉, 아르페지오의 표현으로 당신을 바이올리니스트가 된 것처럼 느끼게 해줄 것입니다."

브람스는 손을 다쳐 연주를 잠시 쉬고 있던 클라라에게 편곡 악보를 보내면서 이 편지를 동봉했다고 한다. 그래서인지 이 곡을 연주하노라면 클라라를 향한 브람스의 깊은 애정과 세심한 배려가 느껴진다. 가장 좋은 음악을 클라라에게 선사하고 싶어 했던 간절함 때문일까? 아니면 절절한 사랑과 열정을 감춰야 했던 고통 때문일까? 단단히 억눌렸다 솟아나는 〈샤콘〉의 격정은 곡을 완벽하게 연주하고 싶어하는 나의 열정을 대신하고 있는 것 같다.

이 곡은 내가 가장 연주하기 어려워하는 곡 가운데 하나이지만 매번 나를 강렬하게 피아노 앞으로 이끈다. 지금 나의 마음—

연습이 더 필요한 왼손과 마음처럼 움직여주지 않는 오른손으로 인해 느끼는 답답함과 슬픔—을 그대로 보여주는 것 같아 더욱 애정이 크다.

존경하는 음악가들 2

가끔 오른손만 쓰는 피아니스트나 연주곡도 있느냐는 질문을 받는다. 아예 없지는 않겠지만 왼손 연주곡에 비해 상대적으로 드문 것이 사실이다. 악곡의 기초가 되는 화성이 주로 저음으로 만들어지고 저음이 건반의 왼쪽에 있어서 그런 게 아닐까 싶다.

왼손 피아니스트 가운데 내가 가장 존경하는 음악가는 지난 2020년 92세를 일기로 세상을 뜬 미국 출신의 거장 레온 플라이셔다. 스물네 살이던 1952년, 벨기에 퀸엘리자베스 콩쿠르에서 미국인 최초로 우승하며 혜성처럼 등장한 플라이셔는 젊은 시절 탁월한 연주자로 명성을 떨쳤다. 하지만 화려한 경력을 쌓아나가던 30대 중반 갑작스레 오른손이 마비되면서 현역 무대에서 물러나는 불운을 겪었다. 그러나 음악가로서의 삶이 끝난 건 아니라 믿고 치열하게 왼손 연주를 연습한 끝에 왼손 피아니스트이자 지휘자, 교육자로 우뚝 섰다. 그리고 2004년 앨범 'Two Hands'를 발표하며 마침내 감동적인 '양손 연주'에 성공했고, 생의 마지막 순간까지 무대에 섰다.

"음악은 꼭 두 손으로 해야 하는 연주가 아니라 그냥 음악 그 자체라는 걸 깨달았다"라는 플라이셔의 고백은 내 가슴을 '쿵' 하고 두드렸다. 그리고 나의 왼손 연주도 그 자체로 음악인 것을 거듭 확인하고 믿게 되었다. 듣는 사람이 위로받고 감동한다면 그 자체로 훌륭한 연주이고, 훌륭한 피아니스트일 것이다.

레온 플라이셔를 비롯한 여러 왼손 피아니스트를 통해 나는 크나큰 교훈을 얻었다. 양손으로 연주할 수 없다고 해서 좌절하거나 무릎 꿇지 말아야 한다는 것, 한 손으로 연주할 수밖에 없는 현실로 연민을 호소하는 것이 아니라 한 손이든 양손이든 더 아름다운 연주를 위해 최선을 다해야 한다는 것.

플라이셔 외에 내가 정말 사랑하는 또 한 명의 왼손 피아니스트가 있다. 바로 다테노 이즈미이다.

첼리스트 아버지와 피아니스트 어머니 사이에서 태어난 다테노 이즈미는 1964년 클래식 피아니스트로 데뷔한 뒤 핀란드와 일본을 오가며 100여 개의 음반을 녹음하고 3천여 회의 공연을 하는 등 왕성하게 활동했다. 그러던 지난 2002년 자신의 데뷔 40주년 연주회에서 마지막 곡을 연주하던 중 갑자기 오른손이 떨려오는 것을 느꼈다. 결국 왼손으로 연주를 마쳤으나 뇌졸중으로 인해 이후 나처럼 오른쪽이 마비됐다.

다테노는 수개월 내 다시 무대로 돌아갈 것을 기대했지만 꾸준한 재활 훈련에도 상태가 크게 나아지지 않자 실의에 빠졌다. 지인들이 왼손만으로 연주할 수 있는 곡을 권했지만 처음에는 이를 굴복하는 것으로 여겨 거부했다. 하지만 결국 연주를 시작한 뒤 "한 손이 아니라 두 손, 세 손으로 치더라도 음악은 음악"이라는 것을 깨닫고는 다시 마음을 열었다.

2024년 열린 연주회에서 오른손으로도 간단한 멜로디를 연주해 보인 다테노는 구순이 넘은 나이에도 "오른손으로 연주할 때면 봄에 새순이 잎을 틔우는 듯한 기분이 든다", "내 손가락들은 점점 더 강해질 것"이라고 말하며 꺾이지 않는 의지와 열정을 드러냈다. 또한 2017년에 열린 한·중·일 장애인예술축제에서도 왼손으로만 연주하며 장애인 예술의 국제적 교류와 발전에도 많은 역할을 했다. 다테노 이즈미처럼 나 또한 삶의 마지막까지 피아노와 함께하고 싶다.

에필로그

My Left Hand: The Melody of Courage

한국의 비트겐슈타인, 인간 승리, 장애를 의지로 극복한 왼손 피아니스트….

주변에서 현재의 나를 설명할 때 사용하는 표현들이다. 너무도 감사할 따름이다. 하지만 나 역시 쓰러졌다가 깨어난 초반에는 고통에 몸부림쳤다. 피아니스트에게 오른쪽 팔다리를 쓰지 못한다는 사실은 치명적이었고, 피아노 연주뿐 아니라 일상생활의 대부분을 스스로 해낼 수 없을지 모른다는 현실은 한없이 절망적이었다.

꽤 오랫동안 나는 피아노 근처에도 가지 않았다. 무척이나 무력한 시간들이었다. 반타 블랙 Vanta Black. 모든 빛을 흡수한다는, 검정 중에서도 가장 어두운 색. 누군가 그걸 내 인생에 칠해놓은 것 같았다. 세계적인 피아니스트, 교육자가 되고 싶다는 꿈은 그날 이후 산산조각이 나버렸다.

연주자로서의 삶을 완전히 내려놓으려던 어두웠던 어느 날, 누군가 내 손을 잡고 말했다. 왼손으로 피아노를 치라고. 모두가 두 손으로 피아노를 칠 때 한 손으로 피아노를 친다면 너는 더욱 빛날 것이라고. 너는 충분한 재능을 갖고 있다고. 나는 그 목소리를 길잡이 삼아 어둠에서 빠져나왔다.

나와 같은 장애인 피아니스트에게는 어려움이 아주 많다. 우선 왼손으로 연주하고 왼발로 페달을 밟아야 한다. 이런 경우 느린 연주는 큰 문제가 되지 않지만 빠른 템포로 높은 음을 칠 때는 몸의 중심을 잃지 않도록 허리를 곧추세우는 등 두 배의 노력이 필요하다. 그러다 보니 강한 근력이 필수적이다. 하루도 재활 훈련을 쉴 수 없는 이유다. 당장은 의자를 좀 비뚤게 놓아 최대한 균형을 잃지 않도록 노력하는데 갈 길은 여전히 멀다. 하지만 그럴수록 더 단단히 마음을 다스리고, 붙잡고, 나를 칭찬하려고 노력한다. 지금 내게 정말 중요한 것은 '나다움'을 회복하고, 지키고, 응원하는 일이기 때문이다.

급한 성격 때문에 간혹 연주가 빨라질 때가 있는데 그렇게 되면 연주는 어김없이 나락으로 빠진다. 달리기하듯 전체 곡을 완주하긴 하지만 그 내용은 엉망진창이다. 내게 성공적인 연주란 급하지 않게 음의 강약을 조절하고, 곡의 절정에 다다르는 순간 더욱 느리게 연주하여 절정을 유보하는 것이다. 이 기쁨을 체험한다면 그날의 연주는 성공이다. 연주의 성공 여부는 음악에 나를 싣거나, 음악 속으로 내가 들어갔을 때 경험하는 편안함의 유무와 정도에 따라서도 결정된다. 연습이 충분했다면 나는 서두르지 않고 가볍고 깊게, 자유롭고 편안하게 음악의 품 안에서 충만한 기쁨에 빠져든다.

그래서 작년에 발매한 음반의 제목을 〈My Left Hand: The Melody of Courage(나의 왼손: 용기를 준 멜로디)〉로 지었다. 2021년과 2023년에 각각 발매한 디지털 싱글 앨범에다 나에게 기쁨을 준 음악을 더해 세상에 내놓았다. 듣는 이에게도 용기와 희망을 주고 싶다는 바람을 담아서.

세상에 쉬운 일은 없다. 건강뿐만 아니라 경제적으로나 사회적으로 힘든 사람이 많은 이때 나의 음악이 절망을 박차고 올라오는 데 도움이 되었으면 좋겠다.

이 음반에 담긴 곡들은 다른 사람뿐 아니라 나에게도 용기를 준다. 오른손으로 연주할 날을 꿈꾸게 되었기 때문이다. 음악의 힘일까. 그동안 오른손에는 손가락이 나뉘지 않은 장갑을 낄 수밖에 없었는데, 피아노 연습이 오른손의 신경에도 영향을 미쳤는지 어느 순간부터 오른손에도 손가락장갑을 낄 수 있게 되었다. 정말 신기하게도 오른손의 마비가 점점 풀리는 느낌이다. 그렇기에 나는 반드시 오른손 기능도 회복해 두 손으로 피아노를 치는 날이 오리라 믿는다. 그러면 나도 존경하는 레온 플라이셔처럼 〈Two Hands〉라는 음반을 낼 수 있지 않을까.

2025년은 뇌졸중이 발병한 지 13년, 다시 피아노 앞에 앉은 지 9년째가 되는 해이다. 나는 앞으로도 몇십 년은 더 연주 활동을 할 계획이다. 처음에는 걷지도 못했는데 지금은 웬만해선 넘어지지 않는다. 가족들의 수고와 눈물과 기도 덕분이다.

이제 나는 모든 상황을 덤덤하게 맞으려고 한다. 나의 긍정적인 성격은 사고와 수술, 이겨내기 어려웠던 재활에 큰 도움이 되었다. 내일은 다른 통증이 있을지 모르지만 또 다른 좋은 일이 있을 거라 기대하며 그다음에 올 내일을 그릴 것이다.

불시에 찾아온 장애는 내게 또 다른 능력을 발견할 수 있게 해주었다. 새로운 지식과 정보에 도전케 하는 시약이 되어주었다. 장애가 없었다면 나는 성실한 태도와 구체적 계획, 정직한 실천만으로 무엇이든 이룰 수 있을 것이라고 확신했을 것이다.

누구보다 부푼 마음으로 열매를 기대했을 것이다. 무엇보다 나 자신을 무한히 신뢰하는 가운데 자부심과 자존심을 한껏 끌어올리며 살았을 것이다.

장애 덕분에 나는 그 신뢰의 기저에 교만이 자리하고 있었다는 것을 인정할 수 있었다. 잠깐이나마 '내 삶은 끝났다'며 절망한 일 또한 교만한 연민이었다.

우리 모두는 살아내기 위해 안간힘을 쓴다. 모든 것을 끌어모으는 안간힘은 나의 나약함을 인정하는 겸손의 태도이기에 아름답다. 나와 내 삶에 대한 용기요 정직한 수고이기에 명예롭다. '그럼에도 불구하고' 살아내는 것이야말로 진정성 있고, 겸손하며, 당당한 모습이다. 우리 모두는 '살아내야' 한다.

질병은 내 오른손과 오른발의 자유로움을 앗아갔지만 무한한 호기심은 빼앗지 못했다. 장애인 피아노 연주자로 살면서 작곡가와 그 가족과 친구들의 목소리, 편곡자의 말, 왼손을 위한 협주곡과 소나타에 담긴 이야기들이 열정적으로 궁금해지기 시작했다. 작곡가에게 장애가 생겼다면 그 까닭이 무엇인지 알고 싶었고, 죽음을 앞두고도 연주할 수 있는 에너지의 원천은 무엇인지 궁금했다. 그렇게 작곡가와 음악에 대해 알고 나면 곡을 더 깊이 이해할 수 있었다. 이론적 학습이 아니라 그들의 고통과 상실, 번민, 예술적 상상에 대한 조심스럽고 진지한 이해라고 하는 게 맞을 것 같다.

시공간을 뛰어넘는 인간의 경험에 대한 사유와 공감, 이것은 나의 선천적 호기심이 장애와 만나면서 계발된 능력이다. 나는 장애가 있기에 작곡가의 신체적 아픔과 그로 인한 상실감 등에 더 깊이 공감할 수 있다. 연구와 공부를 통해 학습하는 것이 아니라 마음으로 공감한다. 이러한 변화는 이전에는 상상하지 못했던 작품 해석을 견인하는 힘이 되고, 훈련의 토대가 된다. 나의 왼손은 이 감정을 더 잘 표현하기 위해, 더 많은 사람들에게 감동을 주기 위해, 무엇보다 장애가 있는 이들을 응원하고 예술로 연대하기 위해 지금도 매일 꾸준하게 담금질되고 있다. 내 연주가 장애인 예술의 독창성을 보여줌과 동시에 장애인 예술, 장애 예술가의 음악 세계를 소개하는 단초가 될 수 있다면 연주자로서 더없는 영광일 것 같다.

현재 우리나라에는 수많은 장애인 연주자들이 바이올리니스트, 비올리스트, 첼리스트, 플루티스트 등으로 활발하게 활동하고 있다. 이들과 협연할 수 있는 기회가 주어진다면 그 또한 특별한 경험이 될 것 같다. 장애인 연주자가 음악으로 목소리를 내고, 장애인 예술에 대해 함께 이야기 나누는 장이 사회 전반에 폭넓게 마련되기를 기대한다.

  우리는 모두 음악을 '연주하고 즐기고 창작하는' 예술인이다. 슐호프의 칭가라처럼 나는 앞으로도 불규칙하고 예측할 수 없는 내일을 즐겁게 맞이하고 또 살아갈 것이다. 그 불협화음 속의 조화를 즐기면서 모두를 축제의 한바탕으로 불러들이는 기쁨을 뜨겁게 키워갈 것이다.

나는 왼손 피아니스트입니다

초판 1쇄 발행 2025년 9월 15일

글 이훈
정 리 박유정
편 집 오영나
마케팅 진수지, 김윤정
디자인 행복한 물고기Happyfish
제 작 제이오
펴낸이 유윤희
펴낸곳 오늘산책

출판등록 2017년 7월 6일(제 2017-000141호)
주 소 서울 종로구 종로 227-5, 2층
전 화 010.7748.5369
팩 스 02.6442.5392
이메일 oneul71@naver.com
ISBN 979-11-93703-08-3 03810

ⓒ 이훈, 2025

이 책은 저작권법에 따라 보호받는 저작물이므로 무단전재와
무단복제를 금합니다.
이 책 내용의 전부 또는 일부를 사용하려면 반드시 저작권자와
출판사 오늘산책의 서면 동의를 받아야 합니다.
잘못된 책은 구입하신 곳에서 교환해 드립니다.